나의 첫 재개발 실전 투자

※ 일러두기

1. 부동산 관련 용어들을 설명하고자 신조어 및 줄임말을 사용했음을 밝힙니다.
2. 표와 지도, 이미지에서 이 책의 맞춤법 규정과 다른 부분이 있음을 밝힙니다.
3. 본문에 사용한 지도는 네이버지도입니다. 재개발 구역 표시는 저자가 직접 그린 것으로
   출처를 따로 표기하지 않았습니다.

나의 첫 재개발 실전 투자

초판 1쇄 발행 2021년 7월 25일
초판 2쇄 발행 2021년 8월 25일

지은이 케언즈맨
발행인 조상현
마케팅 조정빈
편집인 김주연
디자인 Design IF

펴낸곳 더스(더디퍼런스)
등록번호 제2018-000177호
주소 경기도 고양시 덕양구 큰골길 33-170
문의 02-712-7927
팩스 02-6974-1237
이메일 thedibooks@naver.com
홈페이지 www.thedifference.co.kr

ISBN 979-11-6125-317-6

더스 | 더디 | 더디퍼런스 | 마이북

평범한 직장인도 쉽게 따라 할 수 있는

나의 첫 재개발 실전 투자

케언즈맨 지음

더스

평범한 직장인도 얼마든지 재개발 투자 할 수 있습니다

왜 나는 케언즈맨인가?

저는 부동산 카페나 블로그 그리고 강의에서 케언즈맨이라는 닉네임으로 활동하고 있습니다.

2001년 대학시절, 잠시 휴학을 하고 호주의 북동쪽 작은 관광도시인 케언즈라는 곳에 유학을 갔습니다. 한국 사람들이 많지 않은 곳을 찾다 보니 시드니나 멜버른을 피해서 작은 시골마을까지 가게 됐는데, 특히 관광하러 온 외국인이 많았습니다. 일 년 동안 케언즈에서 공부하면서 정말 많은 외국 친구들을 사귀며 즐거운 생활을 했습니다. 그리고 유학이 끝나 갈 쯤 운명적으로 세계일주 항공권을 구매하게 됐습니다. 2002년 한국에서 월드컵이 개최됐을 때 저는 일 년 동안 27개국을 홀로 돌며 배낭여행을 했습니다. 기나긴 여행을 마치고 한국으로 돌아오면서, 그 귀중한 경험의 시작점은 바로 케언즈라는 생각이 들었습니다. 그 이후 제 삶의 터닝 포인트이자 소중한 추억의 장소인 케언즈를 닉네임으로 사용하고 있습니다.

저는 이 책을 읽는 분들도 기회가 되면 꼭 한번 케언즈를 가 보길 추천합니다. 여러분도 그곳에서 인생의 터닝 포인트가 되는 소중한 경험을 맛보면 좋겠습니다.

나의 부린이 시절

2006년 재개발이란 용어도 모른 채 선배의 추천으로 은평구에 있는 응암10구역을 처음 매수했습니다. 몇 년 후에 신축 아파트를 받을 수 있다는 사실 하나만 듣고 아무런 준비나 공부가 안 된 상태에서 덥석 매수했습니다. 다행히 구역지정 이후 어느 정도 시세가 올랐고, 그러자 저는 근거 없는 자신감이 붙었습니다. 그래서 또 다른 부동산을 매수하기 위해 임장을 여러 군데 다니며 찾은 곳이 바로 용인 동백지구였습니다. 저는 2만 세대가 넘는 신도시급 아파트 단지를 보고 사고 싶다는 욕심이 앞서 사전조사를 해 보지도 않고 부모님을 설득했습니다. 이미 전 재산 3,000만 원을 응암10구역을 매수하는 데 썼기 때문에 수차례에 걸친 설득과 반협박으로 동백지구를 부모님께 권했습니

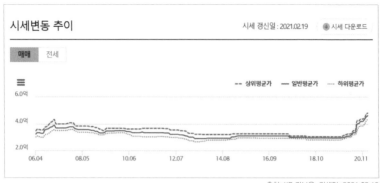

출처: KB 리브온, 검색일: 2021.02.19

다. 사실 동탄과 동백지구를 두고 고민했는데 동백지구를 선택한 것이 결국 화근이 됐습니다.

2006년 8월 최고점인 4억 2,000만 원에 동백지구 아파트를 매수해서 2008년 리먼브라더스 금융위기 때 부동산 하락으로 마음고생을 한 끝에 결국 2015년도에 3억 원에 매도했습니다.

비단 이 실패뿐만이 아닙니다. 지금까지 많은 투자를 해 오면서 여러 번의 실패로 많은 시행착오를 겪었습니다.

2008년도에는 회사 근처 마포구 염리3구역을 매수하려고 알아볼 때 마땅히 조언 받을 곳이 없어 네이버 카페 '부동산스터디'에 가입했습니다. 그때는 카페지기인 붇옹산님의 이름을 따서 '붇옹산 스터디' 카페였습니다.

2008년 5월에 카페에 가입하고 염리3구역 매수와 관련된 문의 글을 올렸지만 일 년 동안 단 한 건의 댓글도 없어 난감했던 기억이 납니다. 그래서 그때 마음속으로 다짐했던 약속이 '내가 부동산 공부도 많이 하고, 경험을 많이 쌓으면 나 같은 부린이에게 꼭 도움을 주리라!'였습니다.

공부하면서 살펴보니 기존에 나와 있는 재개발 관련 서적은 너무 어렵고 전문적인 내용이 많아 초보 투자자들에게는 높은 벽처럼 느껴졌습니다. 그래서 이론 위주보다는 실제 사례를 중심으로 설명한다면 일반 투자자들도 이해하기 쉽고, 투자의 벽을 낮출 수 있을 거라는 생각이 들었습니다. 그런 점에서 저의 15년 동안의 투자 사례를 정리해 책으로 출간하게 됐습니다.

저는 지금까지 부동산스터디 카페에 200개 가까운 부동산 관련 글을 써 왔지만 부린이 시절부터 쓴 글을 하나도 지우지 않고 그대로 두었습니다. 전문가라는 사람도 분명 초보 시절이 있었을 텐데 자신의 부끄러운 과거를 남겨 두는 사람은 그리 많지 않습니다. 하지만 저는 과거에 써 놓은 글을 가끔 찾아서 읽어 보면 제가 겪었던 일련의 성장 과정을 알 수 있고, 과거 투자 결과에 대한 복기가 가능하기 때문에 남겨 두길 잘했다는 생각을 합니다. 최근에도 저의 투자 고민들을 서슴없이 올리기도 합니다. 제가 모든 지역을 알 수는 없기에 먼저 투자한 선배의 조언을 얻는 게 투자에서 얼마나 중요한지를 알기 때문입니다.

나는 직장인인가? 투자자인가?

저는 2004년 외국계 회사에 입사해 17년째 같은 회사에 근무하고 있습니다. 근로소득으로 모은 시드머니 덕분에 투자를 시작할 수 있었고, 결혼과 두 아이의 아빠라는 타이틀도 얻게 해 준 회사에 항상 감사한 마음을 갖고 있습니다.

직장을 다니면서 큰 행사를 제외한 거의 매주 주말에는 수도권에 소재하는 100여 곳의 재개발 정비구역을 직접 임장 다녔습니다. 다양한 현장을 방문하며 해당 정비구역의 조합관계자 그리고 수많은 부동산 중개사를 만나면서 제가 책으로만 공부했던 부족한 실전 내용을 하나하나 경험으로 채울 수 있었습니다. 그로 인해 이 책에는 지금은 새로운 아파트로 지어져 과거의 모습을 찾기 어려운 희귀한 현장 사진과 자료들을 볼 수 있고, 특히 재개발 구역 지도를 직접 그려서 저만의 생동감 있는 실전 노하우를 제공하고자 했습니다.

경험과 노하우가 쌓이면서 2년 전부터 시작한 부동산 강의도 많은 수강생들이 도움이 됐다고 말씀해 주십니다. 특히 제가 전업 투자자가 아닌 여러분들과 같은 직장인으로서 체득한 투자 경험을 공유하니 많은 분들이 공감해 주셨습니다. 만약 제가 직장인이 아닌 전업 투자자였다면 이만큼의 공감을 얻지는 못했을 거라고 생각합니다.

저는 앞으로도 전업 투자자가 될 계획이 없습니다. 회사를 그만두지 않는 실리적인 이유는 여러 가지입니다. 먼저 신용대출, 마이너스 대출이 막히고, 그로 인한 제한들이 생각보다 많습니다. 또 하나는 부동산 투자를 하기 위한 목적으로 돈을 벌다 보면 여러 가지 부작용이 생기는데 대표적으로 근로소득을 등한시 할 수 있다는 점입니다. 투자자들은 한 달 동안 열심히 일해서 받는 월급을 쉽게 생각하는 경향이 있습니다. 결국 투자도 이런 근로소득이 근간이 되기 때문에 가능한 것인데 말이죠. 그래서 저는 앞으로도 직장을 열심히 다니며 꾸준히 근로소득을 얻을 것입니다. 그리고 그 근로소득으로 씨드머니를 만들어 투자 또한 열심히 병행하려 합니다.

직장인 여러분, 근로소득이 투자의 기본입니다. 아시겠죠?

나의 꿈은 재개발 조합장

여러분의 꿈은 무엇입니까? 유년시절에는 대부분 대통령이나 과학자 연예인 또는 운동선수를 꿈꾸곤 하죠. 하지만 현실에서는 가슴속 깊이 사직서를 품고 하루하루를 사는 회사원일 뿐입니다.

그러면 현실에서 여러분의 꿈은 무엇입니까? 아마도 많은 분들이 조물주 위에 있다는 건물주를 꿈꾸지 않을까요? 저 역시 건물주를 꿈꾸지만 재개발 투자를 하다 보니 한 가지 꿈이 더 생겼습니다. 바로 '재개발 구역의 조합장'입니다.

사실 재개발 조합장이라고 하면 조합원을 대변하는 자리임에도 불구하고 정비업체 또는 시공사와 결탁해 뇌물을 받거나 자금을 횡령하고, 조합원과 소통이 안 되는 고집스러운 이미지가 먼저 떠오릅니다. 결국 구속되거나 조합에서 해임되는 등의 좋지 않은 결과로 이어지는 경우가 많습니다. 이런 조합장들 때문에 사업진행이 늦어지고, 사업 비용이 증가해 결국 조합원들이 큰 손해를 입기도 합니다.

재미있는 점은 2019년 4월 23일 조합장 자격에 대한 도정법이 개정되기 전에는 자격요건이 전혀 없었다는 것입니다. 그래서 재개발 구역 내 거주하는 주민들 중 아무나 조합장이 될 수 있었습니다. 그나마 이후 조합장 자격요건이 개정돼서 그 지역에 살지 않더라도 5년 이상 소유하면 조합장 선거 시 입후보 할 수 있는 자격이 주어집니다.

조합장이라고 하면 적게는 수백 명에서 많게는 수천 명의 조합원을 대신해 사업이 잘 진행될 수 있도록 성실하게 봉사하는 것은 물론, 때로는 빠른 인허가를 위해 관계기관과 싸우기도 하고, 공사비 협상을 위해 시공사와 격렬한 다툼을 해야 하는 자리입니다. 그리고 상근직이기 때문에 본업을 과감히 포기하고, 조합장으로서 조합 업무에 충실해야 하는 직함이며 기본적으로 조합과 조합원을 위해 새로운 아파트 단지를 창조해 나가는 Creator로서 상상력의 날개를 펼쳐야 하는 자리이기도 합니다.

저는 본인의 사리사욕을 위해 자리만 차지하는 조합장이 아닌 누가 봐도 멋진 아파트 단지라고 평가받을 수 있는 결과를 내고 싶어 향후 기회가 된다면 조합장 자리에 도전하고 싶습니다.

여러분도 이 책을 통해 재개발 투자에 성공을 맛본 후, 언젠가 조합장 선거에 입후보 할 자신을 머릿속에 그리며 새로운 꿈을 가져 보길 바랍니다. 여러분들 또한 미래의 조합장이 될 자격이 충분합니다.

CONTENTS

chapter 3

재개발 기본
임장활동은 항상 옳다

chapter 4

재개발 실전
입지 선택이 중요하다

chapter 5

재개발 실전
재개발 매물 선택법

chapter 6

재개발 심화
리스크 관리하며 투자하자

chapter
7

재개발 정보
재개발 투자 노하우

chapter
8

재개발 정보
서울·수도권 재개발 추천 구역 리스트

Chapter
1

재개발이
답이다

신축 브랜드 아파트를 선호하는 사람들

아래 표는 누구나 한 번쯤 들어본 대기업 건설사의 브랜드 아파트입니다. 2020년 아파트 브랜드 평가 순위를 보면 현대건설의 힐스테이트, GS건설의 자이, 삼성물산의 래미안, 대우건설의 푸르지오 등이 상위에 랭크됐습니다.

아마 여러분도 한 번쯤은 이런 브랜드의 신축 아파트에 살고 싶다는 생각을 해 봤을 겁니다.

[2020년 아파트 브랜드 평가 순위]

순위	아파트 브랜드	건설사	비고
1	힐스테이트	현대건설	▲1
2	자이	GS건설	▼1

3	래미안	삼성물산	-
4	푸르지오	대우건설	-
5	롯데캐슬	롯데건설	▲1
6	e편한세상	대림산업	▲1
7	아이파크	HDC현대산업개발	▲1
8	더샵	포스코건설	▼3
9	린	우미건설	-
10	위브	두산건설	-

* 비고는 2019년 대비 순위 변동

출처: 부동산114

그렇다면 왜 많은 사람들이 이런 브랜드 신축 아파트를 선호하는 걸까요?

많은 사람들이 신축 아파트에는 골프, 사우나, 수영장, 심지어 조식 서비스까지 제공되는 커뮤니티가 있어서 단지 밖을 벗어나지 않고 모든 생활이 원스텝으로 가능하기 때문이라고 이야기합니다. 또한 구축 아파트에 살아 본 사람이라면 가장 아쉬운 점이었던 건물 노후화와 주차 문제 때문에 신축을 선호한다고 답하는 사람도 있고요.

신축 아파트는 이러한 편의성과 거주 만족도 이외에 투자 측면에서도 많은 장점이 있습니다. 일례로 비슷한 세대수의 아파트 단지가 도로 하나를 두고 연식에 따라 신축과 구축으로 나뉘어 수억 원 이상의 차이가 나는 경우도 있습니다.

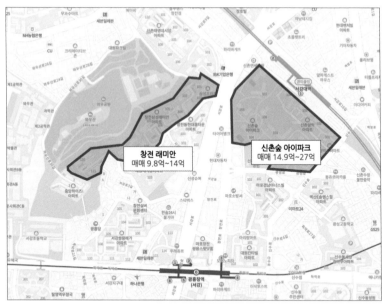

창전 래미안
매매 9.8억~14억

신촌숲 아이파크
매매 14.9억~27억

신축과 구축 아파트의 가격 차이

위 지도에서 보면 경의선 서강대역 근처로 2019년에 입주한 마포
신수동 신촌숲아이파크 84 m^2의 경우, 18~19억 원 전후로 거래되고
있습니다. 반면 큰 도로를 두고 맞은편에 위치한 창전동 삼성래미안
84 m^2는 12억 원 전후로 거래되고 있습니다. 물론 20년 가까운 연식
의 차이와 각종 부대시설이 다르기에 거주민들이 느끼는 만족도는 차
이가 날 수밖에 없습니다.

하지만 인접한 곳에서 6억 원의 시세 차이를 쉽게 수긍하는 사람들
은 얼마나 있을까요? 그러나 현실에서는 6억 원의 가격 차이에도 불
구하고, 신촌숲아이파크의 매매와 전월세 거래가 더 활발하게 이루어

지고 있습니다. 가격이 비싸더라도 더 나은 주거환경과 더 좋은 커뮤니티를 선호하는 수요자들이 꾸준히 유입되기 때문입니다. 그러한 이유로 신축은 투자 측면에서도 매우 좋습니다.

서울과 수도권뿐 아니라 전국 각지의 신축 아파트는 분양 이후 30% 이상의 시세가 상승했고, 입주 후에도 주변 아파트 시세에 비해 월등히 높게 올라갔습니다. 이는 매매 거래가 쉽고 빠르기 때문에 환금성과도 직결되며, 높은 시세 상승이 예상돼 투자 가치 또한 훌륭하

[입주 2년후 가격 상승]

입주 2년 이내 새 아파트값, 지역 평균 대비 차이는?

지역	3.3m²당 매매가 (만 원)			지역평균 대비 상승률
	지역 평균	입주 2년 이내	격차	
전국	1,203	1,512	309	26%
지방	746	1,090	344	46%
수도권	1,640	1,851	211	13%
서울	2,737	4,007	1,270	46%
경기	1,174	1,448	274	23%
인천	949	1,317	368	39%
대구	989	1,425	436	44%
대전	815	1,061	246	30%
광주	801	1,242	440	55%
부산	966	1,389	424	44%
울산	770	1,058	288	37%
강원	554	792	238	43%
경남	654	995	341	52%
경북	525	872	347	66%
전남	573	894	321	56%
전북	540	890	350	65%
충남	603	882	274	45%
충북	550	883	333	61%
세종	1,187	1,402	215	18%
제주	1,182	1,508	326	28%

* 주1) 격차 : 지역 평균 3.3m2 당 매매가격 - 입주 2년 이내 3.3m2 당 매매가격
* 주2) 입주 2년 이내 : 2018년~ 2019년 7월 15일까지 입주한 아파트
* 자료 : KB부동산 리브온, 매매일반 평균가격 2019.07.15

다고 평가할 수 있습니다.

그러면 누구나 좋아하는 신축 아파트는 어떻게 살 수 있을까요?

[신축 아파트를 갖는 방법]

소액 투자 ◄──────────────────► 고액 투자

부동산 청약　　재개발　　재건축　　지역주택조합　　신축 매매

① 청약

가장 적은 투자비용으로 신축을 가질 수 있는 방법은 단연코 청약입니다. 하지만 이 방법은 절~대로 쉽지 않습니다. 이유는 여러분도 잘 알고 계시듯 당첨가점 커트라인이 예상을 뛰어넘기 때문입니다.

[2020년도 서울 주요 분양단지 최저 당첨가점]

단지명	공급지역	공급시기	최저 당첨가점 커트라인 및 평형
르엘신반포	서초구 잠원동	3월	62점(54㎡)
호반써밋목동	양천구 신정3동	4월	61점(84㎡)
흑석리버파크자이	동작구 흑석동	5월	59점(84㎡)
상도역 롯데캐슬	동작구 상도동	6월	45점(74㎡B)
르엘 신반포 파크에비뉴	서초구 잠원동	6월	63점(49㎡)
래미안엘리니티	동대문구 용두동	7월	51점(84㎡)

길음역 롯데캐슬 트윈골드	성북구 길음동	8월	59점(59㎡A)
디에이치 퍼스티어 아이파크	강남구 개포동	8월	54점(49㎡A, B)
노원 롯데캐슬 시그니처	노원구 상계동	8월	54점(52㎡A, B)
강동 밀레니얼 중흥S클래스	강동구 천호동	8월	49점(114㎡)
대치 푸르지오 써밋	강남구 대치동	8월	59점(51㎡A)
힐스테이트 천호역 젠트리스	강동구 성내동	8월	48점(84㎡C)
DMC SK VIEW 아이파크포레	은평구 수색동	8월	54점(39㎡)
DMC 파인시티자이	은평구 수색동	8월	60점(74㎡)
DMC 센트럴자이	은평구 수색동	8월	69점(55㎡A, B, 84㎡A, B, C)
DMC 아트포레자이	은평구 수색동	8월	61점(73㎡A, B)
신목동 파라곤	양천구 신월동	8월	59점(74㎡)
서초자이르네	서초구 서초동	10월	59점(50㎡B)
고덕 아르테스 미소지움	강동구 상일동	10월	69점(59㎡A, B, 84㎡)

2020년 서울에서 분양한 단지의 당첨가점 커트라인은 평균 50점 중반이었고, **분양가상한제*** 이후에는 당첨가점이 60점 가까이 상승했습니다.

결국 부양가족이 많지 않은 젊은 신혼부부나 사회초년생들에게는 기회가 없는 셈이죠.

※ **분양가상한제:** 주택 공급을 원활하게 하기 위한 목적으로 공급가를 일정 수준 이하로 규제하는 것
※ **분양가상한제 적용 지역**
서울 – 강남, 서초, 송파, 강동, 영등포, 마포, 성동, 동작, 양천, 용산, 중구, 광진, 서대문 13개구
경기 – 광명(광명, 소하, 철산, 하안 4개동), 하남(덕풍, 창우, 신장, 풍산 4개동), 과천(별양,부림, 원문, 주암, 중앙 5개동)

② 재건축

그 다음으로 신축을 가질 수 있는 방법은 재건축 투자입니다.

재건축 초과이익환수제는 재건축 준공 시점의 집값에서 개시시점 (추진위원회 설립 승인) 집값과 정상주택가격 상승분, 개발비용을 뺀 금액이 1인당 3,000만 원을 넘을 경우 초과금액 구간별로 10~50% 누진 과세하는 제도입니다.

거기에 해당 재건축 아파트에 2년 이상 실거주 해야 한다는 조건 (입법 예정)이 더해지므로 재건축 또한 장점이 줄어드는 느낌입니다.

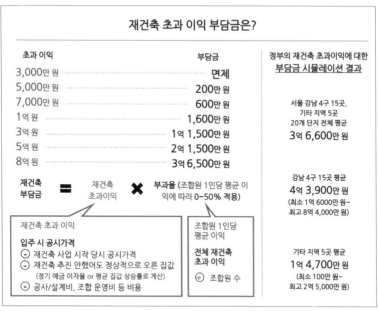

출처: 아시아경제, 검색년월: 2021년 2월 1일

③ 지역주택조합

신축 아파트에 입주할 수 있는 또 다른 방법은 원수에게나 추천한다는 지역주택조합이 있습니다. 왜 이런 말이 나왔을까요? 그만큼 지역주택조합은 진행이 잘 되지 않고, 많은 조합원들이 힘들어 하는 투자처이기 때문입니다.

지역주택조합 광고지

저렴한 분양가를 무기로 전국의 많은 사업장에서 조합원을 모집하고 있지만 토지수용 문제 때문에 대부분 착공시기가 예상보다 몇 년씩 늦어지고, 별도의 추가 부담금이 부과돼 조합원들이 겪는 고통은 말로 표현할 수 없을 정도입니다. 게다가 실제로 사업이 성공하는 곳은 전체 사업지에서 10% 미만입니다.

이는 저렴한 금액을 내세우지만, 결코 저렴하지 않을 뿐더러 리스크까지 큰 투자처라고 생각하면 됩니다.

④ 신축 매매

사실 이미 완성된 신축 아파트를 매수하는 것이 가장 빠르고 쉬운 방법입니다. 하지만 최근 몇 년간 지속된 부동산 상승으로 인해 투자금이 많이 필요하게 됐습니다. 강남은 차치하더라도 강북의 신축 아파트도 $84m^2$가 15억 원을 넘는 곳이 많아졌습니다. 그런데 수십 차례의 부동산 대책과 그에 따른 규제정책으로 인해 주택담보대출의 LTV, DTI가 강화돼 규제지역에서는 15억 원 이상의 주택은 대출 자체가 불가능해졌습니다. 결국 15억 원 이상의 신축 아파트는 본인이 모든 자금을 준비해야 한다는 것이죠.

【 주택담보대출 LTV, DTI 】

지역	주택 수	주택가격	LTV	DTI
투기지역 투기과열지역	무주택자	9억 원 이하	40%	40% 40% 40% 40%
		9억 원 초과분	20%	
	1주택자	9억 원 이하	40%	
		9억 원 초과분	20%	
	다주택자	불가		
조정지역	무주택자	9억 원 이하	50%	50% 50% 50% 50%
		9억 원 초과분	30%	
	1주택자	9억 원 이하	50%	
		9억 원 초과분	30%	
	다주택자	불가		
기타지역	무주택자		70%	60%
	1주택자		60%	50%

※ LTV(주택담보인정비율) : 집을 담보로 돈을 빌릴 때 기준이 되는 자산의 비율
※ DTI(총부채상환비율) : 개인의 상환 능력을 소득으로 따져 대출한도를 정한 비율
※ 규제지역 15억 원 이상 주택은 대출 불가

⑤ 본인 토지에 직접 시공

또 하나 방법이 있긴 합니다. 바로 본인 소유의 충분한 토지가 있다면 직접 선호하는 브랜드 시공사에 위탁해 아파트를 지으면 됩니다.

허무맹랑한 말도 안 되는 이야기라고요? 아니요, 실제로 가능한 이야기입니다.

다음에 나오는 지도를 보면 신도림역에서 도림천을 끼고 3개동의 신도림 아이파크가 있습니다. 전 189세대 모두 $74㎡$로 구성돼 있는데, 바로 여기가 개인 사유지에 직접 지은 아파트입니다.

원래는 대형 스포츠센터였는데 상속세 문제로 인해 기존 건물을 철거하고, 2014년도에 275억 원이라는 자금을 들여 대기업 시공사를 통해 공사를 시작했습니다. 아파트 브랜드는 아이파크입니다.

여기는 일반분양 형태가 아닌 전 세대가 임대 형식입니다. 현재 (2021년 4월 기준) 보증금 3억 원에 월 50만 원 정도의 임대료를 받습니다. 189세대이니 임대보증금만 560억 원이 넘고, 매월 9억 원이 넘는 임대료가 나오는 단지입니다.

투입된 공사비용과 토지비용을 생각하더라도 높은 수익률이라고 할 수 있습니다. 아마도 전국에서 최초로 만들어진 민간 뉴스테이가 아닐까 싶습니다.

민간 임대 아파트인
신도림 아이파크

⑥ 재개발 입주권

신축을 얻는 여러 가지 방법이 있지만 그나마 쉽고 규제가 덜한 방법이 바로 재개발 입주권 투자입니다. 그럼 재개발 입주권 투자는 어떠한 장점이 있는지 살펴보겠습니다.

재개발 입주권의 경쟁자는 누구일까요?

언제 어디서든 경쟁자가 항상 존재하듯이 부동산 투자에도 치열한 경쟁자들이 있습니다. 바로 분양권과 재건축입니다. 항상 셋은 실타래처럼 엉켜 있습니다. 이 셋 중 가장 경쟁력 있는 투자처가 바로 분양권이었습니다. 왜냐하면 분양권은 다른 투자처와 비교해 초기투자 금액이 가장 적게 들어가기 때문입니다. 분양권 전매가 가능한 매물은 계약금 10~20%만 준비하고 거기에 초기 프리미엄만 더해서 거래되기 때문에 다른 투자처에 비해 부담이 적어 매매가 수월했습니다.

분양권 매매 금액= 분양가의 10%(계약금)+프리미엄

심지어 분양권은 주택 수에 포함되지 않았기 때문에 다주택자들에게도 인기가 많았습니다. 그리고 등기를 치지 않아도 명의를 계속 바꿀 수 있다는 장점 때문에 인기 있는 단지는 하나의 매물이 10번 넘게 계약자가 바뀌는 경우도 많습니다. 그래서 여러 소유자의 이름이 빼곡하게 적힌 계약서를 본 마지막 투자자는 깜짝 놀라기도 합니다.

재건축은 재개발과 비슷한 비교 우위에 있었기 때문에 투자선호도에서 엎치락뒤치락 하는 투자처였습니다. 물론 재건축은 재개발보다는 거주환경이 낮기 때문에 실거주자 입장에서는 재건축을 선호합니다. 이러한 이유로 재개발 입주권이 그리 빛을 발한 적이 별로 없었습니다.

그런데 말입니다. 분양권과 재건축 투자에 태클이 들어오기 시작합니다. 그것도 한꺼번에 말이죠.

2021년 1월 1일부터는 분양권도 주택 수에 포함되기 시작했습니다. 주택 수에 포함된다는 사실은 분양권에 엄청난 타격을 줍니다. 즉, 양도세 중과에 해당되기 때문입니다.

· 2년 미만 보유 주택(조합원 입주권, 분양권 포함)에 대한 양도소득세율 인상
('21.6.1. 이후 양도 분부터)
· (단기)1년 미만: 40% ➡ 70%, 1~2년: 기본세율 ➡ 60%

구분		현행				개정	
		주택 외 부동산	주택 입주권	분양권		주택 입주권	분양권
				조정	비조정		
보유 기간	1년 미만	50%	40%	50%	50%	70%	70%
	2년 미만	40%	기본세율		40%	60%	60%
	2년 이상	기본세율	기본세율		기본세율	기본세율	

이와 더불어 2021년 6월 1일부터 2년 미만 보유한 분양권에 대한 양도소득세율이 기존 40~50%에서 60~70%로 대폭 인상됐습니다. 만약 1억 원의 수익이 났다면 1년 미만의 경우 주민세까지 포함

해 7,700만 원을 세금으로 납부해야 합니다. 거의 분양권 투자자들에게는 사형선고나 마찬가지인 셈이죠. 물론 이렇게 세금을 내고서라도 투자하는 사람이 분명 있겠지만 대부분은 기피합니다.

또한 전매제한도 한층 강화됐습니다. 종전에는 규제지역이 아닌 수도권 및 지방광역시 민간택지에서 공급되는 아파트는 6개월 이후 전매가 가능했습니다. 기간이 짧다 보니 많은 투자자들이 몰려 정부에서 말하는 이른바 투기세력이 유입되곤 했습니다. 청약이 엄청난 경쟁률로 인해 당첨되기가 하늘에 별 따기보다 어렵다 보니 정부에서는 수도권과밀억제권과 성장관리권역, 광역시에 전매제한을 두기 시작했습니다.

인천과 수도권 및 지방 광역시 전부 해당된다고 보면 됩니다.(현재 비조정지역은 경기도에서는 동두천, 연천, 가평, 양평, 여주, 이천, 인천에서는 강화만 제외)

이러한 강한 규제가 가해지다 보니 상대적으로 분양권에 밀려 있던 재개발 입주권에 사람들의 관심이 쏠리기 시작합니다.

재건축의 경우도 투기과열지구에서는 2018년 1월 24일 이전 조합설립을 한 단지를 제외하고는 조합원 지위 양도 제한이 생겼습니다. 즉, 전매가 불가능하다는 뜻입니다. 물론 예외 조항도 있지만 특수한 경우이기 때문에 일반적이지는 않습니다.(p.290 참고) 또한 헌법재판소의 초과이익환수제(p.24 참고) 합헌 판결로 주민들의 사업개발 동의를 얻기가 어려워져 재건축 사업을 진행하지 못하는 단지가 속출하고 있습니다. 그리고 아직 법령이 통과되지는 않았지만 실거주 2년도 의무화할 예정이기 때문에 상대적으로 재개발 입주권의 입지는 더욱 높아지고 있습니다.

이런 이유만으로도 재개발 투자가 충분히 가치 있지만 여러분의 이해를 돕기 위해 왜 재개발 투자를 해야 하는지 다음 장에서 더욱 자세히 이야기해 보겠습니다.

과연 부자들은 어떤 부동산에 관심이 있을까?

매년 KB금융지주에서는 〈한국부자보고서〉라는 내용으로 부자들의 투자전략 및 자산 포트폴리오의 변화 등을 발표하고 있습니다. 여기서 우리가 주목해야 할 점은 그들의 금융자산과 부동산 비중입니다.

즉, 전체 자산에서 차지하는 금융자산과 부동산 비중을 자세히 살펴보면(2019년 기준) 부자들은 지난 5년간 금융자산이 조금씩 줄어들고 있습니다. 이는 과거 한국의 코스피 및 코스닥 주식시장이 횡보하여 주식에 대한 관심도가 낮아진 데 반해 부동산에 대한 관심과 비중은 점차 늘고 있다는 점입니다. 과거 2015년 전후를 기점으로 전국에 걸쳐 부동산 시세가 상승 또는 급등했고, 이에 따른 수십 차례의 부동

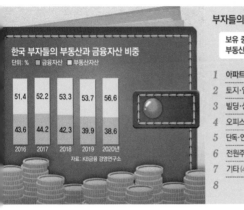

한국 부자들의 부동산과 금융자산 비중
단위: %　■ 금융자산　■ 부동산자산

	2016	2017	2018	2019	2020년
금융자산	51.4	52.2	53.3	53.7	56.6
부동산자산	43.6	44.2	42.3	39.9	38.6

자료: KB금융 경영연구소

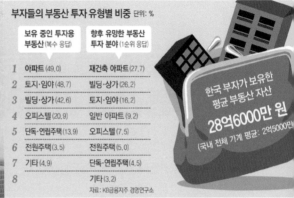

부자들의 부동산 투자 유형별 비중 단위: %

	보유 중인 투자용 부동산(복수 응답)	향후 유망한 부동산 투자 분야(1순위 응답)
1	아파트 (49.0)	재건축 아파트 (27.7)
2	토지·임야 (48.7)	빌딩·상가 (26.2)
3	빌딩·상가 (42.6)	토지·임야 (16.2)
4	오피스텔 (20.9)	일반 아파트 (9.2)
5	단독·연립주택 (13.9)	오피스텔 (7.5)
6	전원주택 (3.5)	전원주택 (5.0)
7	기타 (4.9)	단독·연립주택 (4.5)
8		기타 (3.2)

자료: KB금융지주 경영연구소

한국 부자가 보유한 평균 부동산 자산 **28억6000만 원**
(국내 전체 가계 평균: 2억5000만 원)

한국부자보고서 출처: KB 경영연구소

산 규제에도 불구하고 오히려 부동산 가격은 잡히지 않았습니다. 결국 부자들은 자본소득이 지속적으로 상승하고 있으며 부동산 또한 더욱 늘리고 있습니다.

부자들의 부동산 투자 유형에서 비중이 높은 투자처는 단연 아파트이고 그 다음이 토지, 빌딩, 오피스텔 순이었습니다. 아파트는 거래가 활발하고 가장 현금화시키기 좋은 투자처이기 때문에 선호할 수밖에 없지만 지속적인 보유세 압박으로 인해 공시지가가 높은 주택을 여러 채 보유하기에는 아무리 부자라고 하더라도 부담이 생깁니다.

아마도 2020년에 종부세를 받아 본 사람이라면 보유세의 무서움을 느꼈을 것입니다. 종부세가 매년 비슷한 정도라면 어떻게 해서든 버텨 보겠지만, 점차 공시지가 상승에 따른 보유세 인상은 파급력이 크기 때문에 그 이후는 상상하기도 싫어집니다.

그런 점에서 재개발은 그나마 보유세에서 자유롭고, 재건축에 비해 규제가 덜하기 때문에 많은 투자자들이 관심을 보이고 있습니다.

이처럼 부자들이 미래의 신축 아파트로 변모할 재개발·재건축에 관심을 두고 투자하고 있기 때문에 우리 또한 관심을 가져야 하는 것은 당연한 일입니다.

왜 재개발 투자를
해야 하는가?

단순히 부자들이 투자하기 때문에 우리도 투자해야 한다는 당위성은 없습니다. 하지만 과거에 비해 재개발 투자가 수월해진 것은 사실입니다.

제가 2006년도에 처음 재개발 투자를 시작했을 때만 해도 재개발 관련 도서가 별로 없어서 대형 서점과 도서관을 찾아다니며 읽었던 기억이 납니다. 또한 주말을 이용해 서울과 수도권 재개발 현장을 누비면서 인근의 부동산 중개사를 따라다니며 실전 투자 노하우를 하나씩 몸으로 배웠지만, 그 또한 재개발에 대한 깊은 지식과 식견을 소유한 부동산 중개사가 그리 많지 않았기에 지식 습득이 어려웠습니다.

지금은 예전에 비해 재개발 관련 도서들이 많이 출간되고 있고, 실전 투자를 통해 경험을 쌓은 유명강사들이 재개발 강의를 보다 쉽게 전하고 있으며, 유명인이 아니더라도 개인들이 재개발 투자 경험을 블로그에 정리해 올리면서 전문가 못지않은 많은 고급 정보를 얻을 수있게 됐습니다. 그리고 인터넷 카페에서도 이른바 네임드(유명인)들이자신의 경험을 많은 이들에게 글이나 영상으로 전달하고 있습니다. 또한 인터넷 유튜브 채널에는 부동산 관련 영상들이 매일 같이 새롭게 업데이트되고 있어 초보자 입장에서는 어떤 내용을 봐야 할지 모를 정도로 많은 정보가 쏟아지고 있는 상황입니다.

이렇듯 투자환경이 좋은 상황에서는 초보 투자자라 할지라도 마음만 먹으면 책 몇 권과 블로그의 정보 그리고 유튜브 영상 등을 통해서충분히 관련 지식을 얻을 수 있으며, 전문가에 필적하는 능력을 갖추는 것 또한 그리 어렵지 않습니다.

재개발 투자를 해야 하는 또 다른 이유는 일반적인 부동산 투자처보다 수익률이 좋다는 점입니다.

재개발 사업은 구역지정 고시부터 입주까지 적어도 10년 이상의장시간이 소요됩니다. 이는 투자자에게 오랜 기다림을 필요로 하는대신 시간에 비례해 큰 수익을 안겨 줍니다.

예를 들어 아파트 투자는 매수 후 본인이 정한 계획에 따라 다시 매도하거나 또는 부동산 경기를 사전에 예측해 매도하는 패턴으로 접근하지만 재개발 투자의 경우 신축 아파트 입주라는 최종의 목표가 있기에 오랜 시간을 기다려야 합니다. 그래서 일반 부동산 투자에 비해 목표 기간이 길 수밖에 없습니다.

만약 조합설립 때 2억 원을 들여 매수했다면 입주 시점까지 추가 부담금을 내더라도 약 5억 원의 투자금액이 향후 10억 원 이상의 황금이 되기도 합니다. 이처럼 기다림의 미학만큼 큰 수익을 얻을 수 있는 투자처가 바로 재개발입니다.

어떤 사람들은 "차라리 10년 동안 5억 원의 투자금으로 S전자 같은 우량주를 투자하는 편이 더 큰 수익을 얻을 수 있지 않나요?"라고 물을 수 있습니다. 이는 반은 맞고 반은 틀리다고 생각합니다.

주식 투자를 한 번이라도 해 본 사람들은 쉽게 이해할 수 있습니다. 이론적으로는 워런 버핏처럼 가치투자를 하고, 장기투자를 해야 한다는 원리를 알고 있지만 실전에서는 쉽게 행동으로 실천하기 어렵다는 점을 말이죠. 그리고 직장인 중 5억 원이라는 거금을 주식에 투자할 수 있는 강심장을 가진 투자자가 과연 얼마나 존재할까요? 주식을 좀 한다는 제 친구들 중에서도 아직은 없습니다.

10년 동안 어느 한 종목 또는 소수 종목을 보유하는 중에 수십 차례 상승과 하락의 고비에서 묵묵하게 버티며 심지어 큰 수익이 났을 때 수익 실현을 하지 않고 꿋꿋하게 보유할 수 있는 투자자는 손꼽을 정도입니다. 그래서 이론적으로는 장기투자가 맞지만 현실적으로는 거의 불가능에 가깝다고 볼 수 있습니다.

반면에 재개발을 포함한 부동산 투자는 거래부수비용(취등록세, 양도세)이 주식 투자에 비해 훨씬 높기 때문에 쉽게 매수·매도가 어려워 반강제적으로 보유하게 되기 때문에 짧게는 2~3년부터 5년, 10년 이상 보유하는 투자자들을 많이 볼 수 있습니다.

특히 주식시장은 하루에도 몇 번이나 외부 재료나 상황에 따라 상승과 하락을 반복하며 변동 폭이 커서 투자자들의 간담을 서늘케 하곤 합니다. 그에 반해 부동산은 시세에 대한 민감도가 주식시장과 비교해서 낮은 편이고, 외부적으로 금융위기와 같은 큰 문제만 없다면 급락하지 않습니다. 결과적으로는 부동산에 투자해 큰 수익을 얻는 투자자가 훨씬 많습니다.

재개발 투자를 해야 하는 또 하나의 이유는 신축 아파트를 가질 수 있는 가장 좋은 방법이기 때문입니다.

'당첨 100%'라는 게 과연 이 세상에 존재할까요?

바로 재개발 입주권 투자는 '신축 아파트 당첨 100%'가 가능한 방법 중 하나입니다. 서울이나 수도권에서 신축 아파트에 당첨되면 입주 시점에 수억 원의 차익을 실현할 수 있는 '로또청약'이라는 기사를 여러 미디어를 통해 심심치 않게 들을 수 있습니다.

재개발 투자는 현금청산을 당하지 않는 정상적인 입주권이라면 관리처분계획인가 이후에 입주 자격을 갖게 됩니다. 물론 향후 동호수 추첨을 통해 로얄동과 로얄층(흔히 RR이라고 함)의 행운은 운에 따라 다르겠지만 그래도 일반분양 청약에 비해서는 좋은 동과 층을 받을 확률이 더 높습니다.

대출 규제가 심해지는 최근 상황에서도 재개발 입주권 투자는 신축 아파트 매수에 비해 초기투자금액이 낮기 때문에 대출 규제도 덜하다는 장점이 있습니다.

재개발 투자가 어렵다는 편견

일반 아파트나 상가에 비해 재개발 투자는 막연히 어려울 것 같다는 두려움이 앞서기도 합니다.

구역지정이 아직 되지 않은 초기 재개발 구역이라면 '과연 이곳이 제대로 진행이 될까?'라는 의문이 들기도 합니다.

'혹시 내가 투자한 재개발 구역이 전체세대수 대비 조합원수가 많아 사업성이 떨어지거나, 빌라건축업자들이 신축 빌라를 계속해서 짓고 분양해 해당 구역의 전체 건물 노후도가 기준에 미달되거나, 추가부담금의 우려로 조합원들의 반대가 심해 동의율조차 얻기가 어려워 재개발 구역 해제가 된다면 어떻게 될까?' 하는 걱정이 드는 것도 사실입니다.

만약 구역지정 이후 조합설립이 된 재개발 구역을 투자한다면 이번에는 매수하려는 매물에 대한 걱정이 앞섭니다. 매물에 따라 도정법(도시 및 환경정비법)과 조합정관에 따라 자격조건 미달 시 현금청산이 되거나 조합원 자격이 박탈당하는 경우도 있습니다. 그래서 내가 매수하려는 매물이 혹시나 문제가 없는지 걱정이 생깁니다. 조합에 문의해 보면 입주자격이 있다고 하지만 사업시행인가 이전이다 보니 대략의 감정평가를 알 수 없어 적정한 시세로 매수하는지 걱정이 들 수도 있습니다.

예상보다 높은 감정평가를 받으면 탁월한 선택이 되지만 예상보다 낮은 감정평가를 받는 경우 시세보다 비싼 프리미엄을 주고 산 셈이니 아쉬울 수 있습니다.

특히 재개발 입주권은 어느 평형과 타입을 신청했는지에 따라 시세차이가 많이 납니다. 대부분 대형평형일수록 그리고 수요자들이 선호하는 타입일수록 프리미엄이 비싸집니다. 그래서 평형신청 전이라면 내가 받은 감정평가금액으로 어떤 평형과 타입을 신청할 수 있는지 고민이 생깁니다. 한 번의 선택 또는 실수로 인해 향후 입주권의 시세차이가 현격하게 벌어지는 경우가 많기 때문입니다.

또한 사업성이 좋은 곳이라고 지인을 통해 소개받아 매수했지만 예상보다 사업진행 속도가 늦어지거나 다양한 리스크로 인해 사업비가 증가하면 조합원들의 추가 부담금이 상승함으로써 반발이 심해지기도 합니다. 하지만 이런 걱정과 리스크는 재개발 사업진행 단계가 진행됨에 따라 하나씩 없어집니다. 제가 생각하는 기준에서 가장 좋은 매수 시점은 바로 사업시행인가 직후입니다.

사업시행인가 단계라면 재개발 사업이 본격적으로 진전돼 사업진행 윤곽이 보인다는 뜻이며 구체적인 조합원분양가를 알 수 있어 본인의 추가 부담금과 대략적인 평형신청도 예상이 가능합니다. 또한 관리처분계획인가까지 소요기간을 예측할 수 있다는 장점도 있습니다.

이러한 이유로 재개발 투자 경험이 많이 없는 투자자라면 사업시행인가 직후가 적절한 투자타이밍이라고 생각합니다.

재개발 투자의
무한한 장점

재개발 투자에 앞서 우리가 주목해야 할 부분은 전국과 서울의 입주 예정 물량입니다. 아파트는 공장에서 찍어 내는 공산품과 달리 인허가와 시공 과정에서 상당한 시간이 소요됩니다. 쉽게 말해 착공허가를 제외하더라도 시공 기간만 최소 36개월에서 40개월 이상 소요됩니다. 정부의 전 고위관계자가 이야기한 것처럼 "아파트가 빵이라면 밤새워 찍어 내고 싶다"는 실언이 현재의 아파트 공급 부족을 단적으로 보여 주는 한 대목입니다.

그럼 왜 이렇게 아파트 공급 부족 사태가 나타났을까요? 우선 서울뿐만 아니라 각 지방의 주요 대도시는 더 이상 아파트를 지을 땅이 없습니다. 이 말인즉슨 신규 택지가 없기에 구도심을 철거하고 새롭게 개발을 해야 한다는 이야기인데, 중앙정부나 지방정부의 과도한 재개발·재건축 규제로 신규 아파트 착공 및 입주 물량이 줄고 있습니다.

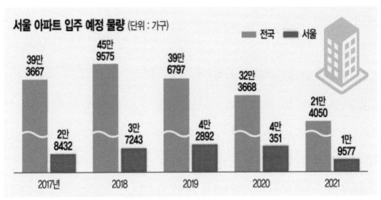

출처: 부동산114

어떤 사람들은 "한국의 주택보급률이 100%가 넘은 지가 언제인데 이건 다 투기세력 때문에 주택이 부족하다"라고 이야기합니다. 주택 보급률 100%는 맞는 표현입니다. 하지만 그 뜻이 '살(live) 만한 주택 보급률 100%'라는 말은 아니라는 점입니다.

그럼 과연 '살(live) 만한 주택'이란 무엇일까요?

이는 바로 우리들이 좋아하는, 누구나 한 번쯤 살아 보고 싶어 하는 대기업 브랜드의 대단지 신축 아파트입니다. 이런 꿈을 현실로 이뤄 줄 수 있는 방법이 바로 재개발 투자입니다.

제가 생각하는 재개발 투자는 크게 두 부류에게 각각의 장점이 있습니다.

첫 번째는 실거주를 원하는 무주택자들에게 다양한 장점이 있습니다.

1. 청약가점이 낮아도 상관없습니다.

2020년도 아파트 청약 결과를 보면 정말 믿기 힘들 정도로 당첨가점이 높았습니다. 청약가점이 높은 사람들이 얼마나 많은지 가점 50점대는 명함도 못 내밀 정도이니 밀입니다.

아래 표는 2020년 수도권에서 청약 관심도가 가장 높았던 과천 지식정보타운 푸르지오 어울림 라비엔오 청약 결과로, 평형과 타입에 따라 73점도 떨어지는 사상 초유의 사태가 일어났습니다. 그리고 84점 만점자도 나와서 일반청약은 젊은 무주택자들에게 그림의 떡이 돼버렸습니다.

[2020년 과천 푸르지오 어울림 라비엔오 청약 결과]

주택형	가구수	1순위 경쟁률	당첨커트라인(최저가점)	
			과천	수도권
84B	39	407	69	74
84C	24	351	69	70
84D	69	272	69	72

84E	35	284	74	74
99A	188	522	69	70
99B	73	382	66	69
105A	20	326	58	69
120A	10	489	72	74
계	458	416	58	69

서울만 한정적으로 보더라도 주요 분양단지의 최저 당첨가점은 50점 중반부터 60점 가까이로 높았습니다.

특히 작년 여름 이후의 분양시장은 뜨겁게 달아올라 60점을 가뿐히 넘겼으며 특히 $84m^2$ 타입의 당첨가점과 경쟁률은 예상을 뛰어넘는 결과를 보였습니다. 하지만 청약가점이 낮은 젊은 무주택자들이여! 아직 포기하긴 이릅니다. 우리에게는 당첨 100%의 비밀병기, 바로 재개발 입주권 투자가 있습니다.

재개발 입주권이란 무엇일까요? 바로 아파트를 새로 입주할 수 있는 조합원들의 권리입니다. 만약 재개발 입주권에 투자를 하고 기다린다면 서울의 신축 아파트 입성이 꿈이 아닌 현실로 다가설 수 있습니다.

단, 재개발 투자 시 조합원 입주자격이 있는지 꼼꼼히 체크할 필요가 있습니다. 혹시라도 잘못돼 현금청산을 당하거나 입주권 자격이 박탈되는 경우도 있기 때문입니다.

2. 추가 부담금을 준비할 시간적 여유가 있습니다.

보통 부동산을 매수하려면 대출을 제외하더라도 나머지 자금은 바로 준비해야 합니다. 예를 들어 5억 원의 아파트를 매수한다고 하면 수도권의 경우 40%만 대출이 가능하기 때문에 60%에 해당하는 3억 원과 부수적인 비용을 미리 마련해야 합니다.

재개발의 경우 감정평가가 나온 사업시행인가 이후에 매수했다면 착공 시까지는 최소 3~4년의 시간이 필요합니다. 관리처분계획인가까지 최소 1~1년 반, 그 이후의 이주 철거까지 빠르면 2~3년이 소요됩니다. 완전 철거가 이루어져야 착공이 가능하기 때문입니다. 착공이 된다는 것은 본격적으로 조합원 분양계약이 이뤄지고 계약금 10%를 준비해야 하는 시점입니다.

만약 계약금 10%, 중도금 60%, 잔금 30%의 조합원 분양계약이라면 무주택자는 중도금 60% 중 40%가 대출이 가능하기에 나머지 20%만 추후에 준비하면 됩니다.

계약금 10% 납부 이후에 대략 20개월 지나면 중도금 5차 10%, 그리고 5개월 이후 6차 10%를 준비하면 됩니다. 잔금은 잔금전환대출이 가능하기 때문에 자금 준비에 충분한 여유가 있습니다.

이해를 돕기 위해 오른쪽 예시를 들어 설명하겠습니다.

2억 원의 재개발 입주권을 투자한 경우

매수가: 2억 원 (감정평가금액 5,000만 원, 프리미엄 1억 5,000만 원)

조합원분양가: 59㎡ 3억 원

추가 부담금: 조합원분양가−권리가액

=조합원분양가−(감정평가금액×비례율)

=3억 원−5,000만 원(비례율 100%로 가정 시)

=2억 5,000만 원

추가 부담금 2억 5,000만 원을 기준으로 계약금 10%, 중도금 60%, 잔금 30%

계약금 10% 2,500만 원(본인 준비)

중도금 1차 10% 2,500만 원(중도금 대출)

중도금 2차 10% 2,500만 원(중도금 대출)

중도금 3차 10% 2,500만 원(중도금 대출)

중도금 4차 10% 2,500만 원(중도금 대출)

중도금 5차 10% 2,500만 원(본인 준비)

중도금 6차 10% 2,500만 원(본인 준비)

잔 금 30% 7,500만 원(잔금전환대출)

부부가 맞벌이 근로소득자라면 추가 부담금을 준비할 수 있는 시간이 충분한 셈입니다. 만약 외벌이 근로소득자라도 계약금 10%를 납부한 후 착공까지 4년 그리고 중도금 5차와 6차 납부까지 20~25개월이 추가로 남아 있기 때문에 자금 준비에 한결 여유가 있습니다.

3. 부동산 시세 상승에 미리 편승이 가능합니다.

부동산 시세가 급등 또는 상승하는 시장에서 가장 시세 반영이 빠른 부동산은 바로 아파트입니다. 거래가 활발하고 시세가 정확하게 나와 있기 때문에 빌라나 단독주택에 비해 투자 시 아파트를 선호하는 편입니다.

만약 내가 투자한 빌라가 재개발 사업진행이 안 되는 경우, 주변 아파트 시세 상승에 편승하기가 거의 어렵습니다. 심지어 아파트 바로 옆에 있는 신축 빌라임에도 시세가 안 올라가는 경우도 있습니다. 신축 빌라가 거주 여건 및 주거 만족도는 좋을 수 있어도 대외입지 및 주거환경이 크게 변하지 않는다면 일반적으로 높은 시세 상승을 기대하기는 어렵습니다.

반면에 재개발이 진행되는 구역 내 빌라를 매수했다면 시세 상승에 어떻게 반응할까요? 주변 아파트의 시세 상승만큼 비슷하게 반영되지는 않지만 그래도 시세(프리미엄) 반영 속도는 상당히 빠른 편입니다. 왜냐하면 향후 몇 년 뒤에 신축 아파트가 될 귀한 몸인지라 이러한 상황이 시세에 반영되는 셈입니다. 그래서 재개발 입주권 투자를 했다면 지금 당장 주변 신축 아파트에 비해 크게 오르지 않았다고 해서 다급해 할 필요가 없습니다. 오히려 주변 신축 아파트의 시세가 더 올라가길 기대해야 합니다. 주변 신축 아파트의 시세가 상승한 만큼 입주권의 몸값은 더욱 올라가고 안전마진도 그만큼 커지기 때문입니다.

이처럼 재개발 입주권은 주변 아파트 시세 상승에 편승이 가능하고, 향후 주변 신축 아파트 시세만큼 안전마진을 예측할 수 있는 장점이 있습니다.

4. 주거환경 개선으로 추가 시세 상승을 기대할 수 있습니다.

여러분은 신축 아파트 단지를 보면 어떤 생각이 드나요?

멋진 조경과 고급스러운 내·외장 마감재 그리고 수영장, 실내놀이터, 사우나, 카페테리아가 있는 훌륭한 커뮤니티 그리고 외부 용역업체가 지켜 주는 안전함. 이런 외형은 직접 눈으로 확인해야만 느낄 수 있는 가치입니다. 지금 당장 눈에 보이지 않는데 막연히 미래의 모습을 상상하기란 결코 쉽지 않습니다. 재개발 투자도 마찬가지입니다.

혹시 여러분은 재개발 구역 현장을 가 본 적이 있나요?

재개발 구역 입구부터 시작된 좁은 도로와 경사진 비탈길, 놀이기구 하나 제대로 갖춰지지 않은 놀이터를 보면 주변 환경이 썩 좋아 보이지 않을 겁니다. 아무리 향후에 신축 아파트가 될 곳이라고 하더라도 획기적인 주변 환경 개선이 눈앞에 보이지 않기에 투자자들을 유혹하기란 쉽지 않습니다. 그래서 주변 신축 아파트에 비해 시세도 급하게 상승하지 않습니다. 하지만 이주 철거가 완료되고 착공하기 시작하면 사람들의 눈길을 끌기 시작합니다.

하물며 대기업 브랜드 아파트 공사현장은 투자자들을 유혹하기에 충분합니다. 공사가 거의 마무리되는 단계에서는 주변 거주민뿐만 아니라 더 많은 투자자들의 관심을 한 몸에 받게 됩니다. 게다가 매매 거래 가격이 인근 대장아파트의 가격을 넘는 순간 매스컴을 타는 경우도 있습니다.

"강북의 OO아파트 84㎡ 타입 20억 돌파"

이처럼 재개발 지역이 주변과 내부 환경이 개선돼 누구나 좋아하는 브랜드 신축 아파트로 변하는 순간 시세는 급상승하게 됩니다. 지금 당장의 시세 상승은 아니지만 환경이 개선되는 입주 시점에는 현재와는 비교할 수 없을 정도로 시세 상승이 가능하다는 장점이 있습니다.

두 번째로 다주택자에게 더 많은 장점이 있습니다.

1. 취등록세 절세가 가능합니다.

정부는 2020년 7.10대책으로 다주택자를 겨냥해 종부세 중과세율 인상, 양도소득세율 인상 그리고 취득세율의 인상을 골자로 한 부동산 규제책을 발표했습니다.

특히 취득세율의 중과세는 가히 파격적입니다.

구분		1주택	2주택	3주택	4주택 이상
개인	조정지역	1~3%	8%	12%	12%
	비조정지역	1~3%	1~3%	8%	12%
법인		12%			

조정지역에서 2주택 이상 보유하고 있는 투자자에게는 추가로 부동산 취득 시 12%의 취득세율이 적용됩니다. 12%는 과거의 1%대와 비교한다면 12배나 증가한 것입니다.

만약 조정지역 이상에서 2주택을 보유한 투자자가 추가로 5억 원의 부동산을 매수한다면 6,000만 원 이상의 취등록세가 추가로 필요합니다. 법인도 예외 없이 1주택을 매수하든 그 이상을 매수하든 12%를 부담해야 합니다.

물론 초기에 높은 취등록세를 부담하더라도 나중에 양도가의 차액에서 공제되기는 하지만 매수 시에 12%를 부담하는 것은 말처럼 쉽지 않습니다.

그런데 재개발 구역에서는 다주택자라도 4.6%에 매수할 수 있는 물건들이 꽤 있습니다. 바로 무허가주택, 근린생활, 나대지, 도로, 상가입니다. 이런 매물은 다주택자, 심지어 법인도 동일하게 4.6%의 취등록세를 적용받고, 관리처분인가 이후 멸실된 주택에도 동일하게 적용됩니다. 이제는 4.6% 취등록세가 저렴하게 느껴지는 기이한 현상이 일어나고 있습니다.

이렇듯 다주택자들에게 무허가주택, 근린생활, 나대지, 도로, 상가 같은 매물들은 좀 더 낮은 취등록세로 매수할 수 있는 장점이 있습니다.

2. 보유세의 부담이 매우 낮습니다.

강남 서초의 중형아파트를 보유한 지인이 2020년 종부세 고지서를 받아 보고는 깜짝 놀랐다고 합니다. 그는 마포구에도 중형아파트를 보유하고 있어 2주택자였기에 종부세 해당자였습니다. 그래서 마음의 준비를 하고 있었음에도, 재산세와 종부세를 합산해 보니 1,800여만 원이 부과됐다고 합니다.

막상 보유세 고지서를 확인하고는 생각보다 큰 금액에 놀랄 수밖에 없던 거죠. 1,800여만 원이면 일반 직장인의 몇 달치 월급과 비슷하니 말입니다.

문제는 2021년부터 조정지역 이상 2주택자에게는 보유세가 1.2~6%까지 상향됩니다. 그래서 올해는 약 4,000여만 원의 보유세를 내야 하고, 매년 부담액은 급상승할 것으로 예상됩니다. 만약 다른 소득이 없는 은퇴자라면 매년 수천만 원의 보유세 납부는 분명 상당한 부담이 될 것입니다. 우스갯소리로 보유세를 내기 위해 적금을 드는 다주택자들도 있다고 하니 "정말 현실은 장난이 아니구나."라고 느낄 수 있습니다.

[보유세 증세 예상 시나리오]
변경 보유세는 공정가액 비율상향과 세부담 상한 모두 적용해 계산

	현재 공시가격 → 실거래 반영 공시가격	기존 보유세 → 변경 보유세	
상계동 주공7단지 79㎡	3억 2천만 원 ⇨ 5억 5천만 원	31만8천 원(재산세) ⇨ 35만 원(재산세)	
이촌동 한가람아파트 84㎡	6억 2천4백만 원 ⇨ 12억 원	86만7천 원(재산세) ⇨	112만7천 원(재산세) 17만3천 원(종부세)
반포동 아크로리버파크 84㎡	14억 4천만 원 ⇨ 22억9천만 원	282만6천 원(재산세) ⇨ 112만3천 원(종부세)	367만4천 원(재산세) 225만 원(종부세)

　반면에 재개발 물건은 공지시가가 매우 낮습니다. 국공유지나 시유지에 있는 무허가건축물의 경우 매년 한국자산공사(캠코)나 시청에 점유하고 있는 건축물의 면적에 따라 20~50만 원의 대부료를 납부하는 것 외에는 재산세는 겨우 몇 천 원에서 몇 만 원 정도로 세금 부담이 적습니다. 도로나 나대지도 마찬가지이고, 근린생활이나 상가도 일반주택이나 아파트에 비해 보유세가 낮게 나옵니다. 또한 관리처분인가 이후 멸실된 주택이라면 토지분만 부담하면 되기 때문에 연간 수만 원의 토지세만 납부하면 됩니다.

　이처럼 무허가주택이나 도로 그리고 멸실된 주택을 여러 개 보유하고 있더라도 보유세 부담이 현저하게 낮다는 점이 다주택자에게 엄청난 장점입니다.

3. 아파트에 비해 재개발 입주권은 자녀에게 증여 시 부담이 낮습니다.

최근에 지속적인 부동산 규제로 인해 매도보다는 가족 간 증여가 늘었다는 기사를 자주 접합니다. 타인에게 매도하기는 아까우니 결국 자녀에게 증여하는 방법을 선택하는 것인데, 투기과열지구에 있는 재건축의 경우 조합설립인가 이후에는 가족이든 타인이든 조합원 지위 양도 자체가 불가능합니다.

하지만 재개발 입주권은 조정지역은 언제라도 상관없으며 현재 투기과열지역에서는 2018년 1월 24일 이전에 사업시행인가를 신청한 재개발 구역이라면 언제라도 조합원 지위 양도가 가능합니다. 그런데 2021년 9월에 도정법 변경이 될 경우 시, 도지사가 지정한 일부터는 조합설립 이후 조합원 지위 양도가 제한될 수 있습니다.

이러한 규정을 잘 살핀 후에 자녀에게 재개발 입주권을 증여한다고 가정해 보겠습니다.

증여세 계산은 매우 쉽습니다. 증여가액만 결정하면 채무와 친족공제를 빼고 증여세율을 곱하면 간단하게 끝납니다.

※상증세법 시행령 제51조 제2항

법 제61조 제5항의 규정에 의한 부동산을 취득할 수 있는 권리 및 특정시설물을 이용할 수 있는 권리의 가액은 조합원입주권의 경우 「도시 및 주거환경정비법」 제74조 제1항에 따른 관리처분계획인가계획을 기준으로 하여 기획재정부령으로 정하는 조합원권리가액과 평가기준일까지 불입한 금액과 평가기준일 현재의 프리미엄에 상당하는 금액을 합한 금액에 의한다.

부담부 증여란, 전세보증금이나 임차보증금을 부담으로 안고 증여받는 것을 말합니다. 이때 전세보증금이나 임차보증금을 제외한 금액에 대해서 수증자(받는 사람)에게 증여세를 과세합니다. 또, 증여자(주는 사람)에게는 전세금에 대해 양도소득세를 과세합니다.

친족공제의 경우 배우자는 6억, 직계존비속 5,000만 원(미성년자 2,000만 원), 기타 친족 1,000만 원의 공제를 적절하게 이용하면 됩니다.

사업시행인가 이전이라면 종전자산금액이 나와 있지 않기 때문에 증여 시점 6개월 전부터 증여 이후 3개월 이내의 매매가, 감정가, 경매가, 수용가를 기준으로 감정평가사를 통해 평가받아 증여가액을 정합니다.

사업시행인가 이후라면 종전자산금액이 통보되기 때문에 프리미엄이 붙게 돼 평가 기준에 따라 증여세가 달라지기도 합니다. 그래서 항상 세무사와 상의해 절세 방법을 찾아 진행하면 좋습니다.

예를 들어 남양주 덕소2구역 84A타입의 입주권을 자녀에게 증여한다고 가정해 보겠습니다.

현재 사업시행인가 이후로 감정평가금액이 2억 원으로 통보됐습니다. 시세는 프리미엄 2억 원으로 매매가 기준은 4억 원입니다. 임차인이 살고 있어 전세보증금에 해당하는 2억 원을 안고 부담부 증여로 진행할 예정입니다.

감정평가금액이나 공시가 기준으로 증여 시에는 증여세가 없지만 거래 시가를 기준으로 할 때에는 약 1,800만 원의 증여세가 나옵니다. 물론 부담부 증여의 경우 증여자의 소득이므로 양도세는 별도로 납부해야 합니다. 양도세와 증여세를 잘 비교해 판단하면 최대한 절세가 가능합니다.

【 남양주 덕소2구역 84A 입주권을 자녀에게 증여 】 (프리미엄 2억 원, 단위: 만 원)

구분	시가평가	감정가평가	공시가평가
증여재산	40,000	20,000	15,000
채무부채 (전세보증금)	20,000	20,000	20,000
증여공제	5,000	5,000	5,000
과세표준	15,000	–	–
세율	1,000(20%)		
산출세액	2,000		
신고세액	1,800		

이처럼 재개발 입주권 증여는 시세가 낮게 형성되는 초기 재개발 단계에서 증여하는 것이 매우 유리합니다.

4. 양도세 절세가 가능합니다.

7.10 부동산 대책으로 정부는 2021년 양도 분부터 1년 미만 보유 주택에 대한 양도세율을 현행 40%에서 70%로 인상하고, 1년 이상 ~2년 미만 보유 주택의 양도세율은 현행 기본세율(과세표준 구간별

6~42%)에서 60%로 인상하기로 했습니다.

또 다주택자가 조정대상지역 내 주택을 양도할 경우 2주택자는 20%, 3주택 이상인 자는 30%의 양도세를 각각 중과합니다. 다만 종부세와 양도세를 동시에 인상할 경우 다주택자의 주택 처분을 막을 수 있다는 비판이 제기됨에 따라, 해당 양도세 강화 방안을 종합부동산세 부과일인 2021년 6월 1일부터 시행하기로 했습니다. 이처럼 다주택자들에게는 부동산 매도 시 양도세 중과로 인해 세금 부담이 커지게 됐는데 재개발 입주권은 어떻게 다른지 살펴보겠습니다.

재개발 구역에서는 종전 부동산이 조합원 입주권으로 변환되는 시기는 관리처분계획인가일로 보며, 조합원 입주권이 부동산으로 다시 변환되는 시기는 준공일로 봅니다.

재개발 투자의 경우 관리처분계획인가 이후의 입주권은 2년 이상 보유 시 기본세율을 받을 수 있습니다. 기존에 여러 채의 부동산을 보유하더라도 해당 재개발 입주권은 양도세 중과 배제의 혜택을 받을 수 있으니 큰 장점이죠.

5. 안전마진 확보 및 예측이 가능합니다.

부동산 투자 시에 내가 매수한 아파트가 상승할지 또는 하락할지 예측하기란 어렵습니다.

대부분의 매수자가 내가 산 가격보다는 시세가 오를 것이라는 믿음을 갖고 있지만 부동산 상승과 하락은 누구도 예측하기 어려운 신의 영역입니다. 하지만 재개발 투자는 약간의 예측이 가능합니다.

내가 만약 3억 원의 비싼 프리미엄을 주고 감정가액이 1억 원인 재개발 입주권을 매수했다고 가정해 보겠습니다.

투자자는 대부분 3억 원이라는 프리미엄의 가치만 평가합니다. '주변 재개발 A구역은 프리미엄이 2억 원인데 너무 비싸게 매수한 게 아닐까?' 하는 후회를 할 수도 있습니다.

재개발 투자 시 항상 유의해야 할 점이 프리미엄만 생각하면 안 된다는 것입니다. 조합원분양가와 현재 내가 지불한 프리미엄의 합계가 주변 신축 대장아파트와 비교해 보면 비싸게 샀는지 싸게 샀는지를

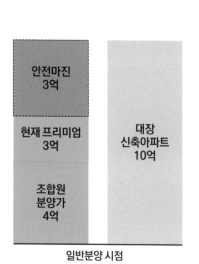

[안전마진 그래프]

평가할 수 있습니다.

대부분 재개발 구역의 시세는 아직 아파트가 완공되지 않았기 때문에 주변 대장아파트와 비교하더라도 저렴한 편입니다. 입주를 몇 개월 앞둔 재개발 구역이라면 시세가 주변 신축 아파트보다 비싼 경우는 있지만, 착공 전이면 눈에 보이는 실물 아파트가 없기 때문에 아직까지는 저렴합니다.

신축 대장아파트와 비교해 현재 프리미엄에 조합원분양가를 더한 시세의 차이 즉, 갭이 바로 안전마진입니다. 그래서 현재 기준으로 봤을 때 주변 신축 아파트만큼은 상승할 수 있다는 예측이 가능합니다.

만약 착공 후 입주 시점까지 3~4년이 남아 있어 그동안 신축 아파트가 추가로 상승한다면 안전마진 또한 그만큼 추가 상승할 수 있다는 장점이 있습니다. 이처럼 프리미엄을 저렴하게 매수할수록 안전마진은 더 커지는 원리입니다.

재개발 투자는 안전마진 예측이 가능하기에 사업이 원활하게 진행되는 단계에서는 가장 안전한 투자처 중 하나입니다.

안전마진에 대한 이해를 돕기 위해 성남시 중원구 상대원2구역의 예를 들어보겠습니다.

성남시 상대원2구역은 조합원수가 2,300여 명에 전체세대수가 5,000세대가 넘는 매머드급 대단지로 개발을 추진 중입니다. 현재(2021년 6월 기준)는 관리처분총회를 무사히 마치고 관리처분계획인가를 예정하고 있습니다.

84㎡을 신청한 조합원 매물은 프리미엄이 약 3억 6,000만 원 (2021.1월 기준)선입니다. 조합원 분양가 5억 6,000만 원을 더한 총 투자금액은 9억 2,000만 원 정도입니다.

아래 지도를 통해 주변 신축 아파트와 시세를 비교해 보면 최근에 입주한 산성역 포레스티아 84㎡의 경우 14억 전후의 시세를 보이고 있음을 알 수 있습니다.

상대원2구역은 입주까지 최소 5년에서 6년의 시간이 필요하겠지만 현재 시세로 4억 8,000만 원(14억-9억 2,000)의 안전마진을 확보한

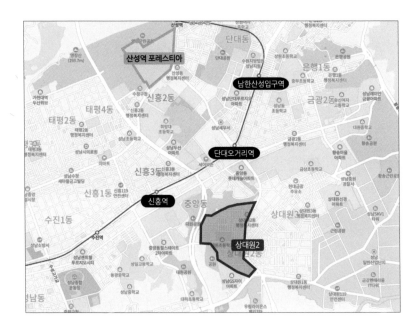

성남 상대원 2구역 : 84 신청 (배정 예정) 급매

구분	금액	비고
감정평가액	388,300,000	
(+)프리미엄	361,700,000	
(=) 매매가	750,000,000	감정평가액 + 프리미엄
	57,000,000	
	693,000,000	매매가 - 임대보증금

추정비례율을 적용한 추가 분담금 / 총 매수금액

조합원 분양가		566,122,000	84m² 평균 조합원 분양가
추정비례율	117.22%	130.00%	
권리가액	455,165,260	504,790,000	감정평가액 X 비례율
추가분담금	110,956,740	61,332,000	조합원분양가 - 권리가액
총매수금액	860,956,740	811,332,000	매매가 +추정 분담금
층 : 지하 1층~지상 2층, 방향: 서향			
★ 총 5,090세대 : 2026년~2027년 입주예정★			
59m² 1,803세대, 74m² 763세대, 84m² 861세대 101m² 424세대			

상대원2구역 안전마진 계산
출처: 네이버부동산. 검색년월: 2021.06.26.

[집주인] **산성역포레스티아 124동**

매매 14억

아파트 · 108B/84m², 21/26층, 남동향

2년이내 역세권 대단지 방세개

확인 21.06.26. 중개사 13곳 ∨

산성역포레스티아 112동

매매 13억 5,000

아파트 · 108A/84m², 22/28층, 남동향

2년이내 대단지 방세개

확인 21.06.26. 중개사 19곳 ∨

셈입니다. 물론 산성역포레스티아가 상대원2구역이 입주하는 5~6년 동안 시세가 더 오른다면 안전마진도 추가 상승을 기대할 수 있습니다.

마지막으로 실거주를 원하는 무주택자나 다주택자에게 공통으로 해당되는 장점인데요. 재개발 투자는 비교적 적은 투자금으로 큰 수익을 얻을 수 있다는 점입니다.

일반적으로 부동산 투자 시에 투자금이 어느 정도냐에 따라 수익이 달라진다고 이야기합니다. 3억 원의 부동산을 투자한 사람과 10억 원의 부동산을 투자한 사람의 수익률은 다를 수밖에 없습니다.

가령 1~2억 원의 투자금이 있는 사람이 대출을 받아 3억 원짜리 아파트를 투자했는데 시간이 흘러 시세가 100% 상승했다고 하면 6억 원이 됩니다.

수익률로 따지면 레버리지를 이용했으니 2억 원을 대출받아 1억 원을 투자한 사람은 300%의 수익률을 얻었고, 1억 원을 대출받아 2억 원을 투자한 사람은 150%의 수익률을 얻었습니다. 전체 수익금액은 3억 원으로 동일합니다.

10억 원짜리 부동산을 투자한 사람의 경우 투자금이 얼마가 됐든 50% 올라서 15억 원이 되면 5억 원의 수익을 얻고, 100%가 오르면 20억 원이 되어 10억 원의 수익이 생깁니다.

투자금액에 따라 수익금액은 5억 원에서 10억 원이 될 수도 있습니다. 결국 투자금액이 크면 클수록 수익도 크게 차이가 나게 됩니다. 하지만 재개발 투자에서는 투자금액이 아닌 투자 시점에 따라 콩이 호박과 같은 레버리지 효과를 얻게 되는데요.

초기 재개발 투자는 그냥 콩과 같이 굴러갑니다. 그런데 이 콩이 관리처분계획인가를 받아 입주권이 되면 점차 호박의 모습으로 변해 갑니다. 그때는 처음에 투자했던 빌라나 단독의 가치가 아니라 조합원 분양가에 프리미엄 형태로 투자 외형이 커진다는 것이죠. 특히 조합원 분양계약서를 작성하는 순간 콩은 확연하게 호박이 돼 굴러가는 모습을 발견할 수 있습니다. 시세 상승도 수천만 원이 아니라 억 단위로 뛰기도 하죠. 호박이 굴러가는 속도는 차원이 다릅니다. 주변에 10억 원대의 신축 아파트와 동일하게 시세가 상승하는 효과를 보기도 합니다. 이처럼 콩이 굴러가다가 호박이 돼 굴러가는 마법이 바로 재개발 입주권 투자입니다.

재개발 투자 시 마음가짐

재개발 투자는 여러 가지 장점이 있지만 단점도 있습니다. 바로 예상보다 긴 시간이 소요된다는 점입니다. 지인 중에 한 명은 구역지정 때 매수해 13년이 지난 지금까지도 사업시행인가 밖에 진행되지 못한 재개발을 보유하고 있습니다. 입주까지는 앞으로도 10년 이상 소요될 것으로 예상됩니다. 이처럼 입주를 목표로 한다면 오랜 기다림에 지치는 경우가 많아 큰 수익을 보지 못하고 중간에 매도하는 안타까운 사례도 종종 있습니다.

특히 지속되는 부동산 규제로 인해 단기투자는 점점 어려워지고 있어 재개발 투자의 이유를 명확히 할 필요가 있습니다. 실수요자의 경우 중장기를 목표로 한다면 재개발 초기 단계가 아닌 중반 이후의 단계에서 투자하기를 추천합니다. 실거주자 입장에서는 최소 입주까지 5~6년 남아 있는 정도가 가장 바람직한 기간이라고 생각합니다.

수익을 목표로 하는 투자자라면 중단기투자를 추천합니다. 사업시행인가 전후에 매수해서 관리처분인가 이후에 매도하면 2~3년 보유했기 때문에 양도세 중과를 받지 않고 일반과세 전략으로 접근할 수 있습니다.

만약 다주택자라면 앞서 이야기한 취등록세 중과를 피하기 위해 무허가주택, 도로나 나대지, 상가, 근생(근린생활시설) 등으로 매수하고, 자금에 여유가 있다면 이주 철거 후 멸실된 입주권을 매수해도 좋습니다. 물론 이주비 대출, 중도금 대출이 불가하다는 단점도 있습니다.

간혹 투자자들에게 이런 질문을 받기도 합니다.

"혹시 싸고 좋은 물건 있나요? 한 10년 묻어 두려고요. 아니면 재개발 구역이 아닌 곳도 언젠가는 되지 않을까 싶어서요."

그런데 10년이 지나도 그대로인 곳도 있습니다. 재개발 투자가 큰 수익을 얻을 수 있다고 들어서인지 이런 막무가내식의 투자를 하는 사람들을 보면 안타까울 때도 있습니다.

절대 이런 식의 투자 마인드는 버려야 합니다.

"경기도 A구역이랑 서울의 B구역이랑 어디가 좋아요?"라고 질문하는 사람도 있습니다.

인근 구역이라면 사업성과 진행현황 및 기타 사항을 보면서 비교할 수 있겠지만 지역이 동떨어진 곳을 비교하는 것은 쉬운 일이 아니고, 그 동네를 정확하게 파악해야 알 수 있기에 바로 대답하기도 어렵습니다.

여러분이 스스로 판단할 때에는 너무 멀리 떨어진 지역을 비교하기보다는 해당 지역의 주변 재개발 구역이나 비슷한 진행단계의 재개발 구역을 비교하는 게 보다 정확한 답을 얻을 수 있습니다.

Chapter
2

재개발 기본
: 이것만은 반드시 알아 두자

재개발 기본 용어
이해하기

일반적으로 아파트나 빌라와 같은 집합건물을 거래하는 경우, 내부시설 등의 하자 체크 이외에는 크게 신경 쓸 게 없기 때문에 등기부등본상 채무관계가 전혀 없는 깨끗한 매물이라면 부동산을 통해 거래하면 됩니다.

하지만 재개발·재건축 정비구역 내에 있는 매물의 경우는 다릅니다. 매수 시 다소 어려운 정비사업 용어들과 매물의 특성을 파악하지 못하면 나중에 큰 손해를 입을 수도 있기 때문입니다.

특히 재개발 현장에서의 거래는 좀 더 노력이 필요합니다. 재개발과 관련된 모든 용어와 일련의 과정을 다 이해하고 달달 외울 필요까지는 없지만 매수자 본인이 정확한 용어나 과정을 이해하고 있다면 매매 과정에서 많은 도움이 됩니다. 물론 부동산 중개사들 중 재개발·재건축에 대해 전문적인 지식을 갖춘 사람도 있습니다. 하지만 대부분은 손님들에게 하나하나 자세하게 설명해 주지 못하는 경우가 많습니다. 그렇기 때문에 간혹 나오는 급매물을 설명할 때 매수자가 재개발·재건축에 대한 배경지식이 있다면 재빠르게 매물의 특성을 이해하고 망설임 없이 매수할 수 있습니다. 하지만 매물의 대략적인 개요설명만 나온 상태에서 매수자가 매물에 대한 이해를 제대로 하지 못해 망설인다면 이미 다른 투자자가 계약을 하는 경우가 생길 수 있습니다.

경험이 많은 투자자들은 대략적인 설명만 들어도 이 물건이 수익이 나는 것인지 아닌지를 금방 판단하기 때문에 급매를 만나면 망설임 없이 투자합니다. 하지만 경험과 지식이 없는 사람들은 몇 시간이 지나서야 '아하, 이게 좋은 매물이었구나!'라고 깨닫습니다. 그때는 이미 늦은 것이죠.

우리는 재개발 전문가가 되기 위해 공부하는 것은 아니지만 투자를 잘하고 좋은 매물을 찾을 수 있는 능력을 기르려면 재개발 용어와 과정을 이해하는 것이 필요합니다.

그럼 정비사업의 과정을 하나하나 살펴보겠습니다. 혹시 읽고 한 번에 이해가 되지 않는다고 해도 너무 좌절하지 않기를 바랍니다. 저 또한 부린이 시절에 재개발 관련 용어를 몇 번이나 들어도 이해하지 못했으니까요.

① 재개발(뉴타운) vs 재건축

재개발과 재건축 모두 노후되고 불량한 건축물이 밀집된 지역에서 주거환경을 개선하는 사업을 말한다. 재개발은 상하수도, 도로, 공원 등의 정비기반시설이 열악한 지역에서 진행하는 반면 재건축은 정비기반시설이 양호한 지역에서 진행하는 사업이다. 예를 들어 강남의 개포주공아파트의 정비사업은 재건축, 강북의 한남동 정비사업은 재개발로 정의할 수 있다.

② 분양권 vs 입주권

재개발·재건축 정비사업이 진행되는 곳의 조합원들이 새 아파트에 입주할 수 있는 권리를 입주권이라고 칭하며, 일반주택 수요자가 청약통장을 통해 새 집을 입주할 수 있는 권리를 얻는 것을 분양권이라고 한다.

③ 조합원 vs 현금청산자

재개발·재건축 정비사업 구역에서 분양신청을 하면 조합원의 지위를 얻게 되고, 분양신청을 하지 않아 조합원의 지위를 상실하게 되면 현금청산자로 분류된다.

④ 도로, 나대지, 뚜껑

재개발 정비구역 내 도로로 사용하는 토지와 건축물이 없는 나대지(공터, 주차장 등)는 도시 및 정비환경법 조례의 기준으로 토지 면적에 따라 입주권을 받을 수 있는 권리가 정해진다. 또한 허가를 받지 않은 무허가건축물을 "뚜껑"이라 칭하며 도정법 조례에 따라 입주권이 부여된다.

⑤ 분담금 vs 추가 부담금(동일 의미)

조합원 분양가에서 조합원의 권리가격을 제외한 추가로 부담해야 할 금액을 말한다.
예) 조합원 분양가 3억 원일 때, 권리가격 1억 원이면 분담금은 2억 원이 된다.

⑥ 프리미엄 vs 안전마진

재개발 정비구역에서 실제 거래되는 금액에서 해당 물건의 감정평가금액을 제외한 금액을 프리미엄이라고 한다.

예) 매수금액(4억 원) – 해당 물건의 감정평가금액(2억 원) = 프리미엄(2억 원)

투자한 재개발 물건의 총 금액과 비교할 수 있는 주변 아파트와의 가격 차이를 안전마진이라고 한다.

예) 주변 신축 아파트(10억 원) – 총 투자금액(조합원 분양가+프리미엄) (7억 원) = 안전마진(3억 원)

⑦ 비례율

재개발·재건축의 사업성을 보여 주는 지표로, 일반적으로 100% 이상은 사업성이 높은 것, 100% 미만은 사업성이 낮은 것으로 본다. 아래 공식을 알아두면 좋다.

비례율 = { (종후자산평가액–총사업비) ÷ 종전자산평가액 } × 100

* 종후자산평가액 = 일반분양 수입+조합원분양 수입
* 종전자산평가액 = 조합원들의 종전자산의 감정평가액의 총합

⑧ 감정평가

재개발 정비구역에서 감정평가사를 통해 해당 물건의 실제 가치를 평가하는 것을 말한다.

⑨ 공시지가

'부동산가격 공시 및 감정평가에 관한 법률'에 따라 산정해 공시되는 땅값이다. 이 땅값은 과세를 위한 시가표준액이며 매년 1월 1일을 기준으로 공시된다.

각 용어는 앞으로 나오는 장에서 자세하게 설명할 예정으로 이 장에서는 조합원과 현금청산자에 대해 알아보겠습니다.

조합원 vs 현금청산자

재개발 구역에 부동산을 소유한 사람은 조합원이 될 수 있습니다. 단, 재개발 조합이 설립되기 전 추진위 단계에서는 조합원이 아닌 토지등

소유자로 분류되고, 조합이 구성돼 정식 허가를 받게 되면 그때부터 조합원이라는 이름표가 붙습니다.

　재건축과 재개발 조합원의 경우 자격요건이 다소 다릅니다. 재건축 조합원은 토지와 건물을 모두 소유하고 재건축 사업에 동의하는 요건을 충족해야 합니다. 반면에 재개발 조합원은 토지와 건물을 모두 소유한 사람 이외에도 건물만 소유한 사람, 토지만 소유한 사람 그리고 무허가건축물을 소유한 사람도 조건에 충족한다면 누구나 조합원이 될 수 있습니다.

【 재개발 조합원 자격요건(서울시 도정법 조례) 】

	토지 +건물소유	건물만 소유	토지만 소유		무허가건축물 소유
소유권 분리일	–	2003년 12월30일 이전	2003년 12월30일 이전	2003년 12월30일 이전	관계없음
최소 면적	관계없음	관계없음	90㎡	30㎡ 이상~ 90㎡ 미만	관계없음 (무허가건축물로 인정받을 것)
주택 소유 여부	관계없음	관계없음	관계없음	반드시 무주택자	관계없음
지목	관계없음	–	관계없음	지목과 현황 모두 도로면 자격 없음	관계없음

　서울시 이외에도 각 지방자치단체의 도정법에 따라 다르지만 1평

이 안 되는 토지만 소유하고 있어도 조합원의 권리를 누릴 수 있습니다. '이게 말이 되나?' 하는 의문이 들죠? 그런데 재개발 구역에서는 충분히 가능한 일입니다. 물론 건물만 소유하거나 토지만 소유 또는 무허가주택을 소유한 조합원의 자격요건은 별도의 조건이 붙습니다.

그럼 재개발 조합원이 됐다면 모두 사업을 찬성하는 걸까요? 아닙니다. 대다수의 조합원들은 개발 의지가 강해 찬성하지만 반대하는 조합원들은 현금청산자로 남기도 합니다.

현금청산자가 되는 조합원들은 크게 두 부류로 나눌 수 있습니다.

첫 번째는 자격요건이 되지 않는 경우입니다.

서울시의 경우 $30\,m^2$ 이하의 과소필지를 소유한 자는 현금청산 되는데 만약 과소필지를 소유한 조합원이 추가로 더 큰 필지의 나대지나 도로를 매수해 모두 합친 면적이 $90\,m^2$ 이상 되는 경우에는 조합원 자격요건을 유지할 수 있습니다. 그리고 만약 같은 구역 안에 조합설립인가 이후에도 본인 또는 동일 세대원이 2개 이상의 매물을 소유하고 있다면 1개를 제외한 모든 부동산은 현금청산됩니다. 이를 모르고 승계한 매수자가 있다면 관리처분인가 이후 현금청산자로 분류돼 아까운 재산을 날릴 수도 있습니다.

두 번째는 자의로 조합원분양 신청을 하지 않는 경우입니다.

이는 부동산 경기에 따라 현금청산자가 많아지기도 하고 거의 없기도 합니다. 부동산 경기가 침체돼 사업이 제대로 진행되지 않으면 비관적인 조합원이 증가해 조합원분양을 신청하지 않고 현금청산자가 되기를 원합니다. 반대로 부동산 경기가 호황기이면 미래의 시세 상승을 예상해 거의 모든 조합원이 분양신청을 합니다.

이와 같이 자격요건이 되지 않거나 혹은 자의로 현금청산자가 된 조합원들이 많으면 많을수록 조합과의 소송과 분쟁으로 인해 재개발 사업진행에 큰 영향을 주기도 합니다.

사업진행 과정 이해하기

① 기본계획 수립, 정비구역지정, 추진위원회 구성

| 정비구역지정 | 조합설립 | 시공사 선정 | 사업시행인가 |

재개발 사업은 주민들이 자의적으로 진행하기 어렵습니다. 시나 지자체가 정비기본계획을 수립해 조건에 부합되면 정비구역지정을 하게 됩니다. 물론 정비기본계획이 수립됐다고 해서 재개발 사업이 무조건 진행되는 것도 아닙니다. 재건축은 건물 노후화에 따른 안전진단을 통과해야 합니다. 서울의 경우 재건축 연한이 지났어도 안전진단을 통과하지 못한 단지가 생각보다 많습니다. 사업진행을 본격적으로 하

기도 전에 안전진단이라는 큰 벽에 막히는 경우가 많아 입주까지 예상보다 긴 시간이 소요됩니다.

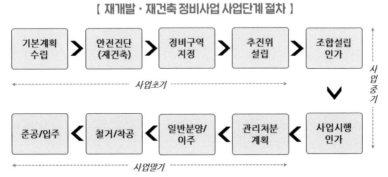

[재개발 · 재건축 정비사업 사업단계 절차]

기본계획 수립 → 안전진단 (재건축) → 정비구역 지정 → 추진위 설립 → 조합설립 인가

◀━━━━━━━ 사업초기 ━━━━━━━▶

사업중기

준공/입주 ◀ 철거/착공 ◀ 일반분양/ 이주 ◀ 관리처분 계획 ◀ 사업시행 인가

◀━━━━━━━ 사업말기 ━━━━━━━▶

* 안전진단 절차는 재건축 사업에만 해당   출처 : 도시 및 주거환경 정비법

재개발은 재건축과 달리 안전진단을 별도로 하지 않습니다. 재개발은 대체로 해당 구역의 노후와 불량건축물의 수 또는 연면적의 합계가 전체의 2/3 이상인 경우에 정비구역으로 지정될 가능성이 높습니다. 만약 업자들이 재개발 초기에 선진입해 단독주택을 매입하고 쪼개기로 신축 빌라를 건축해 분양하는 수가 많아진다면 구역지정을 위한 노후화 기준을 맞출 수 없겠죠. 그래서 구역지정 전에 이런 쪼개기를 막고자 개발행위허가제한 공고를 내기도 합니다. 공고 이전에 건축허가를 받은 사업장은 그대로 준공까지 유효하기 때문에 저는 이런 신축 빌라들이 많은 곳에 투자하지 말라고 조언합니다.

노후화 기준이 충족돼 정비구역지정이 되더라도 사업을 이끌어 갈

추진위원회가 결성되지 못하면 재개발 사업은 지지부진하게 됩니다. 최근에는 많은 투자자들이 선진입해 자체 추진위를 만들어 동의서를 모집하는 곳이 생겼으나 과거에는 주민들이 재개발 사업 의지가 거의 없다시피해 구역지정 후 수년 이상 아무 활동도 하지 않는 곳이 많았습니다. 만약 추진위원회가 구성된다면 시나 지자체에 정식으로 승인을 받아야 하는데, 이때 해당 지역 예비조합원인 토지등소유자의 동의서를 과반수 이상 받아야 가능합니다. 그래서 추진위를 구성하기 위한 동의서를 징수하기 위해서는 인력과 비용 그리고 시간이 소요되기 때문에 생각보다 넘어야 할 난관이 많습니다. 해당 구역 예비조합원들의 적극적인 협조와 비용조달이 없다면 초기 단계부터 상당히 어렵다는 것을 인지할 필요가 있습니다.

　예비조합원의 동의서를 과반수 이상 받았다면 이제는 추진위원회가 정식으로 발족할 수 있습니다. 재개발 진행 과정은 처음부터 정말 힘들죠?

② 조합설립

| 조합설립 | 시공사 선정 | 사업시행인가 | 종전자산평가 |

이제는 조합설립을 위한 동의서를 받아야 할 차례입니다. 조합설립을 위한 요건은 토지등소유자의 2/3 이상의 동의가 필요하고, 동의한 예

비조합원이 소유한 토지가 해당 구역 전체 토지면적의 50% 이상이 돼야 합니다. 추진위 설립을 위해 50% 이상 동의서를 받았다면 나머지 25% 정도의 동의서를 추가로 받아야 하는데 추가 모집이 생각보다 쉽지 않습니다.

어려운 이유는 무엇일까요? 장사를 하는 상가 소유주나 대지지분이 큰 단독주택 또는 다가구주택의 소유주들은 대부분 재개발 사업을 반대하는데 본인들의 재산을 시세보다 훨씬 낮게 보상할 게 뻔하기 때문이죠. 일반적으로 다세대 소유주들은 쉽게 동의하지만 대지지분이 큰 소유주들의 동의서는 받기 어렵습니다. 그래서 70% 동의서를 받고도 나머지 5%가 채워지지 않아 조합설립을 못하는 구역도 생각보다 많습니다. 심지어 단 2~3%의 동의서를 채우기 위해서 3년 이상의 시간이 소요되는 곳도 많습니다. 그러므로 임장 시 추진위원회 사무실을 방문하면 그분들의 열정과 의욕을 확인해 보고, 조합설립이 가능한 곳인지 아닌지를 판단하면 좋습니다.

"우리 구역은 앞으로 5% 이내의 추가동의서만 받으면 됩니다"라고 자신 있게 이야기하는 곳은 조합설립 가능성이 매우 높고, 정확한 수치조차 이야기하지 않는 곳은 상당한 시간이 소요될 것이라고 예상하면 됩니다.

우여곡절 끝에 75% 이상의 동의서를 받았다면 지자체에 조합설립인가 신청을 합니다. 큰 하자가 없으면 한 달 안에 해당 지역 소재 등기소에 법인등기를 하면 정식으로 조합설립이 됩니다.

그러나 흔치 않지만 조합의 작은 착오로 조합설립인가가 반려되는 경우도 있습니다. 신림1구역이 2019년에 80% 넘는 조합원의 동의를 받아 조합설립인가 서류를 구청에 제출했습니다. 하지만 결과는 반려. 사유는 창립총회 개최 시 사전통지 및 공람기간이 법정기한에서 1일 부족했기 때문이었습니다. 〈도시 및 주거환경정비법 시행령〉에 창립총회 개최 14일 전까지 통지하도록 돼 있었지만 단 하루가 미달된다는 이유로 다시 총회를 개최하라는 시정명령을 내린 것입니다.

결국 같은 해 10월에 조합창립총회를 다시 해서 큰 문제없이 조합이 설립됐지만 이런 작은 실수로 비용을 들여 다시 총회를 개최하고,

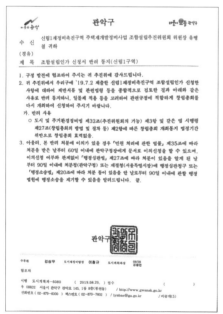

조합설립인가 반려된 경우

이로 인해 조합설립이 몇 달 늦어져 조합원들을 애태우기도 했습니다.

이와 같이 재개발 진행은 언제 어디서든 리스크가 생길 수 있다는 점을 충분히 인지해야 합니다.

③ 시공사 선정

시공사 선정 ▸ 사업시행인가 ▸ 종전자산평가 ▸ 조합원 분양신청

서울시는 시에서 자금을 지원해 주는 공공지원제도가 있어 사업시행 인가 이후 시공사를 선정하는데, 그 외의 지역은 조합설립 이후 시공 사 선정을 합니다.

시공사를 먼저 선정하면 어쩔 수 없이 조합은 사업진행을 위해 시 공사로부터 비용을 차입해서 사용할 수밖에 없습니다. 그러면 조합과 시공사는 보이지 않는 검은 유착이 생길 가능성이 높습니다. 그래서 서울시는 비용을 시에서 먼저 빌려주고 사업시행인가 이후 경쟁 입찰 을 통해 시공사를 선정하도록 지원하고 있습니다.

서울시를 제외한 다른 지자체의 경우 아직까지 재원 부족으로 공공 지원제도를 시행하지 않고 있지만 향후에는 시행할 예정이라고 합니다.

사실 시공사 선정 시기는 조합원들이 가장 대우받을 때입니다. 조 합들이 누릴 수 있는 가장 호시절인 셈이죠. 입찰 후보로 나선 건설 사에서 파견한 OS(outsourcing)요원(홍보요원)들이 조합원들을 찾아

다니면서 각 건설사에서 만든 조감도를 보여 주며 시공사로 선정될
수 있도록 지지를 호소합니다. 최근에는 이런 과정들이 투명해져서
금품을 제공하는 경우는 거의 없지만 제가 경험한 7~8년 전에는 OS
요원들이 고급 식사를 제공하거나 심지어 고액의 금품을 제공하는 경
우도 있었습니다. 하지만 사실 그런 비용이 다 공사비에 포함돼 있다

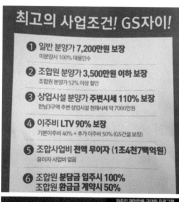

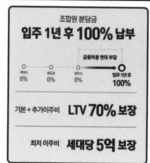

한남3구역 시공사 선정 광고

출처: GS건설, 현대건설

고 보면 됩니다.

2020년 서울에서 가장 치열했던 한남3구역의 시공사 선정 결과는 현대건설의 승리였습니다. 그 경쟁이 얼마나 치열했는지 강남 재건축 단지에서나 볼 수 있는 수입가구, 고급 내·외장재 제공과 시공사가 직접 금융비용을 부담하고, 입주 1년 후에 잔금 100% 조건 그리고 현대건설에서 백화점까지 입점시킨다는 공약까지 걸면서 재개발 사업에서 볼 수 없던 진풍경까지 나왔습니다.

하지만 제 경험상 이런 시공사의 공약(公約) 남발이 제대로 지켜지는 곳은 단 한 곳도 없었습니다. 실제 착공 시에는 제공하기로 한 고급화와 업그레이드는 사라지고, 조합원들의 반발이 심해지면 그때 추가로 공사비 증액을 요청하기도 합니다. 그래서 조합원들은 항상 시공사들의 빈껍데기 같은 공약(空約)을 잘 판단해야 합니다.

④ 사업시행인가

사업시행인가	종전자산평가	조합원 분양신청	관리처분 계획인가

사업시행인가란 조합에서 구체적인 개발 계획안을 제출하면 지자체가 검토해 허가를 내 주는 과정입니다. 계획안에는 어떻게 아파트를 지을 것인지에 대한 내용이 들어가는데 예를 들면 총세대수, 임대세

대, 평형구성, 건축면적, 건축물의 배치, 그리고 단지 안의 정비기반시설 구축 등의 세부 내역이 나오기 때문에 조합원들은 구체적인 아파트의 모습을 예상할 수 있습니다.

사업시행인가까지 온 재개발 구역은 그래도 절반 이상의 단계에 도달했기 때문에 투자자 입장에서는 안심할 수 있습니다. 그래서 제가 재개발 투자를 고려하는 사람들에게 항상 조언하는 단계가 최소 사업시행인가 전후입니다. 이 단계까지 와도 입주까지는 최소 6~8년이 필요하기 때문입니다. 불확실성이 제거된 시점인 만큼 시세도 기존 단계보다는 높아지고, 사업시행인가 전후를 기준으로 투자자들이 가장 많이 몰리는 시기이기도 합니다. 투자자는 해당 구역의 입지와 주

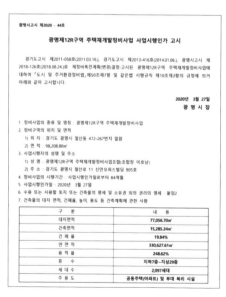

광명12구역 사업시행인가 고시문

변 시세, 전체세대수 대비 조합원세대의 비율 등으로 정비사업의 사업성과 향후 가치를 알 수 있는 단계이기도 합니다.

⑤ 종전자산평가(조합원 감정평가)

종전자산평가 ▸ 조합원 분양신청 ▸ 관리처분 계획인가 ▸ 이주 및 철거

사업시행인가 이후 조합에서는 바로 조합원들이 소유한 부동산 가치를 평가하기 위해 감정평가사 2~3곳에 위탁해 종전자산평가를 하게 됩니다. 우리가 흔히 알고 있는 감정평가를 말하죠. 감정평가가 통보되면 정확한 시세와 프리미엄을 알 수 있습니다. 저는 이때 마치 수능시험 이후 담임선생님에게 성적통지서를 받는 기분과 비슷한 느낌을 받았습니다. 시험 결과가 통보되기 며칠 전부터 과연 점수가 얼마나 나왔을까 가슴이 조마조마했던 것처럼 내 물건이 과연 얼마를 받을 수 있을까 기대하는 것이죠.

저는 15년 동안 10곳이 넘는 재개발 구역을 투자해 봤지만 매번 제가 예상했던 것보다 감정평가금액이 많이 나왔던 적은 단 한 번도 없습니다. 특히 대지지분이 큰 단독주택이나 다가구를 소유한 조합원들은 예상보다 낮은 감정평가액 통보로 인해 때로는 심하게 반발을 하기도 합니다.

모든 조합원이 높은 감정평가를 받고 싶어 하지만 실제로 감정평가

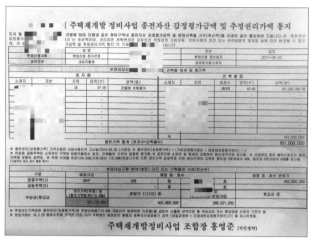

조합원 본인 소유의 감정평가통지 내역서

를 높게 받는다고 해서 마냥 좋은 것은 아닙니다. 왜냐하면 조합원들에게 감정평가를 높게 해 주면 결국 조합원분양 수입을 늘려야 하는 구조이기 때문입니다. 그래서 최근에는 감정평가금액을 조금 더 올려주는 대신 조합원분양가를 상당히 많이 높이는 재개발 구역도 있습니다. 결국 높은 감정평가는 높은 조합원분양가로 이어지는 조삼모사(朝三暮四)라는 것을 꼭 명심해야 합니다.

⑥ 조합원분양신청

두둥! 다음은 조합원들이 손꼽아 기다리는 분양신청 기간입니다. 조

합에서는 사업시행인가 고시일부터 120일 이내에 조합원들에게 감정평가액과 대략적인 추가 부담금을 통지하고 조합원분양신청 기간을 고시해야 합니다.

이때 조합원들은 정확하진 않지만 대략적인 조합원분양가와 추가 부담금을 확인해서 추후 어떤 평형을 신청할지 준비해야 합니다. 우선 구역 내에 있는 모든 조합원들에게 분양신청서를 받게 되는데 이때 신청하지 않은 조합원은 현금청산자로 분류됩니다.

또한 분양신청을 했다고 모든 조합원이 입주권을 받는 것은 아닙니다. 관리처분계획인가를 받으면 지자체의 도정법 조례와 조합의 정관에 따라 자격이 없는 조합원은 현금청산자로, 자격이 있는 조합원은 입주권 지위 확정과 신청 평형이 최종적으로 확정됩니다.

⑦ 관리처분계획인가

관리처분 계획인가	이주 및 철거	일반분양	입주 및 이전고시

관리처분계획인가는 사업시행인가에서 대략적으로 계획했던 내용을 보다 상세하고 구체적으로 다듬는 과정입니다. 종전자산평가인 조합원분양가 확정과 예상 일반분양 수입을 정하고, 시공사와의 협상을 통해 예상 공사비용을 산출해 총사업비를 구체화시켜 전체적인 수입을 계산한 후 비례율을 확정합니다.

대부분 100%대로 비례율을 맞추지만 사업진행이 더디거나 사업성이 좋지 않은 구역은 100%가 안 되는 낮은 비례율로 조합원들의 반발을 사기도 합니다. 반면에 순탄한 사업진행으로 사업성이 개선되는 재개발 구역은 100% 이상의 높은 비례율을 산정하면 조합원들의 만족도는 더욱 높아지기도 합니다. (자세한 설명은 p.115 참고)

물론 차후 사업진행 과정의 변수로 인해 비례율은 변동될 수 있습니다. 이주 철거가 예상보다 늦어져 금융비용이 증가하면 비례율은 낮아지기도 하고, 이주 철거가 예상보다 빠르거나 일반분양 시 분양가를 예상보다 높게 책정하면 비례율이 더욱 높아지기도 합니다. 그리고 관리처분인가가 확정되면 조합원들이 신청했던 평형도 확정됩니다. 이러면 재개발 사업의 70% 이상은 진행됐다고 보기 때문에 리스크가 낮아진 만큼 투자자들도 더 많이 진입합니다. 리스크가 낮아진 만큼 시세도 높아지고 활발한 거래가 이루어지는 시점입니다.

⑧ 이주 및 철거

이주 및 철거	일반분양	입주 및 이전고시

관리처분인가 이후 조합에서는 이주공고를 고시합니다. 보통 3~6개월 정도로 이주 기간을 주는데 이때가 매우 중요한 시기입니다.

분양신청을 하지 않은 현금청산자 및 재개발을 반대하는 비대위 세

구리 수택1지구 관리처분계획인가 고시문

력들이 이주를 하지 않고 버티면 철거가 늦어지기도 합니다. 또한 이주 시기가 동절기에 맞물리면 세입자를 이주시키는 것이 불가능하기 때문에 지연되기도 합니다. 이처럼 예상보다 이주가 늦어지면 아무래도 금융비용이 증가해 사업성이 떨어지게 됩니다.

매매 측면에서는 이주 시점이 되면 재개발 입주권 거래가 가장 활발합니다. 우선 부동산 대출 규제로 인해 이주비 대출 실행이 불가능한 다주택자와 법인투자자들이 입주권을 매도하기도 하고, 추가 부담금이 부담스러운 원주민 조합원들이 매도하고 이주하기 때문에 이때 급매로 나온 매물을 잡을 수 있는 타이밍입니다.

또한 이주로 인해 세입자를 내보내는 데 갈등이 많이 발생하기도 합니다. 보통 빠른 이주를 위해 시공사에서 조합원들에게 인센티브 형식으로 적게는 수백만 원에서 많게는 수천만 원까지 제공합니다. 예를 들어 이주 기간 3개월 이내에 공가를 만들면 1,000만 원, 5개월 이내면 700만 원, 7개월 이내면 500만 원을 차등해서 제공합니다. 결국 이주 기간이 늦어질수록 이사비용은 줄게 되는 것이죠. 때로는 세입자가 이런 점을 악용하기도 합니다. 세입자 본인이 늦게 나갈수록 임대인 조합원에게 돌아가는 이사비용이 적어지기 때문에 임대인에게 더 많은 보상을 받기 위해 협상을 하기도 합니다.

"사장님, 제가 3개월 이내에 이사 나갈 테니 이사비용 받으시는 것 중 몇 백만 원을 저에게 주세요!"

임대인 입장에서는 어이가 없죠. 분명 전세계약서에는 '이주 기간

이주계획 안내책자 및 이주 개시 공고문

시 아무런 조건 없이 2개월 이내에 이사한다.'라는 특약이 있지만 이를 법적으로 제재를 가하기란 그리 쉽지 않습니다. 그래서 '울며 겨자 먹기'로 세입자에게 이사비용의 일부를 주기도 합니다.

예전에는 세입자에게 주는 별도의 이사비용이 없었지만 최근에는 도정법이 바뀌어서 세입자에게도 조합에서 거주면적에 따라 70~150만 원의 동산이전비를 지불합니다. 그럼에도 불구하고 이를 악용해 추가로 이사비용을 요구하는 세입자도 있다는 것이죠.

세입자가 버티는 경우는 명도소송을 통해 내보낼 수 있지만 시간적인 부담과 금전적인 손실로 인한 피해가 큽니다. 가능한 적당한 선에서 이사비용을 제공하고 이주를 요구하는 게 현명한 방법일 수도 있습니다. 그리고 세입자가 나간 후 공가 처리를 위해 꼭 확인해야 할 사항은 전기, 수도, 가스, 정화조를 담당하는 각 공공기관에 직접 해지 신청을 하고 요금 정산 영수증을 받아야 합니다. 다세대의 경우 정화조는 바로 정산이 되지 않기 때문에 가장 마지막에 이주하는 사람에게 요금 정산과 영수내역을 받아 공공요금 정산 영수증과 함께 이주관리센터에 제출하면 공가 처리가 됩니다. 이때 보통 조합원들은 이주비와 주거이전비 그리고 이사비에 대해 혼동이 오기도 합니다. 다음 각각의 의미를 이해하고, 이번 기회에 확실하게 인지하면 좋겠습니다.

이주비
세입자 또는 거주인의 임시 거처 비용(전세보증금 상환용도)
감정평가금액의 40~60%을 무이자대출로 제공하고 입주 시 상환함

주거이전비
공람공고일 이전부터 거주하는 세입자 또는 집주인 대상 지급
세입자는 4개월분, 집주인은 2개월분(도시가계조사통계 근로자 가구의 가구원 수별
월평균 가계지출비 기준임)을 제공하고 상환 불필요

이사비
실제 이사에 필요한 경비
시공사에서 이주 촉진을 위한 인센티브의 의미로 무상 지급하고 상환 불필요

⑨ 일반분양

| 일반분양 | 입주 및 이전고시 |

일반분양 시점은 조합이나 조합원에게 가장 중요한 시기입니다. 철거를 완료하면 조합에서는 착공신고를 하고 일반분양 준비를 합니다. 모델하우스를 짓고 조합원들에게 먼저 타입별, 평형별 그리고 마감재와 옵션 등을 공개합니다. 일반적으로 모델하우스 공개 이전에 조합원들은 전산추첨을 통해 동호수가 정해집니다. 예전에는 직접 현장에서 동호수를 뽑기도 했는데 요즘에는 전산추첨을 하다 보니 예전만큼 현장감은 없습니다.

일반분양 물량이 넉넉하다면 중층 이상부터 조합원들에게 배정되니 큰 걱정은 없습니다. 하지만 층수와 타입에 따라 선호도가 달라지다 보니 시세 또한 이를 반영합니다. 평형의 크기와 층수와 타입에 따라 시세가 달라지기 때문에 모든 조합원들이 이른바 로얄동, 로얄층(보통 RR이라고 함)이 되기를 바랍니다.

또한 이때는 조합에 있어서도 중요한 시점입니다. 일반분양의 분양가에 따라 조합의 수익성에 영향을 미치기 때문입니다.

관리처분계획인가 시에는 보수적으로 일반분양가를 책정해 비례율을 산출했지만 실제로 분양 시점에서 정확한 일반분양가가 정해지기 때문에 미분양 없이 완판되는 것이 가장 큰 목표입니다.

부동산 경기가 냉각돼 예상보다 분양가를 낮게 할 수밖에 없다거나 혹은 미분양으로 인해 생긴 손해는 결국 비례율 하락으로 이어지고 이는 조합원들이 책임져야 합니다. 즉, 비례율이 떨어진다는 것은 조합원들이 큰 피해를 본다는 의미이죠. 그래서 너무 높은 일반분양가로 청약경쟁률이 떨어지는 것보다는 주변 시세보다 약간 낮은 정도의 분양가로 청약 흥행몰이를 하고 초기 프리미엄을 높이는 것도 좋은 방법입니다.

⑩ 입주 후 이전고시

입주 및
이전고시

보통 36~40개월에 걸친 공사기간이 끝나면 입주가 시작됩니다. 이때 이주비 대출과 중도금 대출을 받은 조합원들은 대출금액을 상환해야 하고 잔금을 납부해야만 입주가 가능합니다. 흔히 말하는 소유권보존등기는 입주 시 바로 되는 것이 아니라 빠르면 1년, 늦으면 2~3년씩 걸리기도 합니다.

보존등기가 늦어지면 생기는 문제가 바로 대출입니다. 만약 사정상 매도해야 하는데 보존등기가 완료되지 않았다면 대출이 불가능하거나 시세보다 낮은 한도의 대출만 가능하기 때문에 매수자 입장에서는 더 많은 비용을 준비해야 합니다. 그래서 주변 시세에 비해 낮게 거래됩니다. 때로는 현금청산자들과 조합 간 또는 다른 건으로 인한 소송 문제가 판결이 안 난 경우 소유권보존등기가 늦어지기도 합니다. 판결 또는 협상까지 수년이 걸리는 경우도 있으며 만약 소송에서 조합이 패소하면 막대한 보상을 해야 합니다. 이는 결국 비례율 하락으로 조합원들이 부담해야 할 비용이 증가하게 됩니다. 또한 조합원 입주권을 입주 시점에 매수했다면 최종 승계조합원이 되기 때문에 비례율 하락으로 인한 추가 부담금을 부담해야 합니다. 그래서 매수 전 비례율 하락이 될 만한 이슈가 있는지 꼭 확인해야 합니다.

매수, 매도 시점 파악하기

재개발 강의를 하다 보면 항상 강의 끝에 가장 많이 받는 질문 중 하나가 매수, 매도 시점에 관한 것입니다. 투자자 입장에서는 이것이야말로 가장 중요한 부분이며 본인의 소중한 재산에 가장 큰 영향을 준다고 생각하기 때문입니다.

① 매수 시점

조합설립인가를 위해서는 토지등소유자 75% 이상의 동의서가 필요하다고 앞서 말씀드렸습니다. 만약 추진위원회 사무실을 방문해 현재 상황을 확인했을 때 70% 이상의 동의율이 모아졌다고 하면 그때가 매수하기 적절한 타이밍입니다.

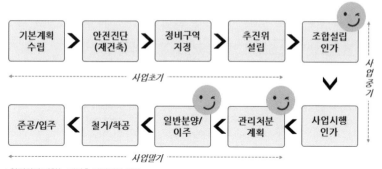

[재개발 매수 시점]

기본계획 수립 → 안전진단 (재건축) → 정비구역 지정 → 추진위 설립 → 조합설립 인가

← 사업초기 →

일반분양/ 이주 ← 관리처분 계획 ← 사업시행 인가

준공/입주 ← 철거/착공 ← 일반분양/ 이주

← 사업말기 →

사업중기

* 안전진단 절차는 재건축 사업에만 해당

출처 : 도시 및 주거환경 정비법

구역지정 이후 조합설립이 되기까지도 몇 년 이상 소요되기 때문에 조합원들의 피로도가 상당합니다. 그런 매물이 시장에 나왔을 때 매수하면 좋습니다. 조합설립이라는 큰 고비를 넘기면 정식으로 인가받은 조합이 구성되기 때문에 일반적으로 시세가 상승합니다. 하지만 개인적으로는 초기 단계 구역의 매수는 추천하지 않습니다. 왜냐하면 조합원들의 동의율이 높은 재건축과 달리 재개발 사업 자체를 부정하거나 반대하는 세력으로 인해 예상보다 더 많은 시간이 소요되기 때문입니다.

2008년도에 회사 선배와 저는 아무런 사전 지식 없이(지금 생각해보면 무모했던) 같은 시기에 인근 재개발 구역에 각각 투자했습니다. 매수 당시 부동산 중개사는 분명 5년 후면 입주가 가능하다고 했지만 실제로는 13년이 걸려서야 입주가 가능했고, 심지어 회사 선배가 매수한 구역은 지금도 사업시행인가 단계입니다.

업무를 마치고 둘이 술 한잔을 기울이며 '이번 생에는 입주하기 힘들 것 같다'는 농담 섞인 이야기를 했던 기억이 납니다. 이처럼 재개발 사업은 항상 리스크가 있다는 점을 꼭 기억해야 합니다.

보통 사업시행인가 전후에 매수·매도 거래가 활발합니다. 이유는 사업시행인가 이후에 감정평가금액이 통보되는데, 대체적으로 예상했던 감정평가금액보다 낮게 나와 원주민 조합원들의 실망 매물이 이 때 많이 쏟아지기 때문입니다. 예전에는 실망 매물을 소화하는 시간이 몇 달씩 걸리기도 했지만 최근에는 이런 매물을 찾아다니는 투자자들이 많아 2~3주 안에 모든 매물이 소진됩니다. 이때를 매수 시점으로 잡은 투자자들은 빨리 서두르면 좋은 매물을 구할 수 있습니다.

또한 관리처분계획인가 이후에도 매물이 나오는 편입니다. 추가 부담금을 감당하기 힘들어 매도하고 떠나는 원주민 조합원들, 부동산 대출 규제로 인해 이주비 대출이 실행이 안 되는 다주택자들과 법인 투자자들의 매물이 나오기 때문에 실거주를 원하는 투자자 입장에서는 급매를 잡을 수 있는 타이밍입니다.

❷ 매도 시점

매도 시점은 매수 시점과 반대입니다. 우선 조합설립이 되면 지금까지 오르지 않았던 시세가 상승하기 때문에 그때를 맞춰서 매도하면 좋습니다. 그리고 사업시행인가를 목전에 앞두면 재개발 사업진행이 어느 정도 윤곽이 보이는 시점이라 시세가 상승합니다. 감정평가금액

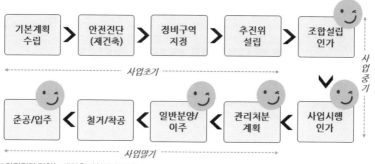

[재개발 매도 시점]

기본계획 수립 > 안전진단 (재건축) > 정비구역 지정 > 추진위 설립 > 조합설립 인가

사업초기

사업중기

준공/입주 < 철거/착공 < 일반분양/ 이주 < 관리처분 계획 < 사업시행 인가

사업말기

* 안전진단 절차는 재건축 사업에만 해당

출처 : 도시 및 주거환경 정비법

이 통보되기 직전으로 매도 시점을 잡으면 좋습니다. 사업시행인가 이후부터 관리처분까지는 시세가 꾸준하게 상승합니다. 재개발 사업이 원활하게 진행되고 리스크가 점점 없어지기 때문에 관리처분인가까지 상승을 예상할 수 있습니다.

또한 이주 시점에 대출 실행이 안 되는 매물이 많이 나올 수 있기 때문에 관리처분인가 직후도 매도 시점으로 잡으면 좋습니다. 이주 및 철거 이후 일반분양 시점도 좋습니다. 일반청약을 신청했다가 떨어지는 실수요자들이 다시 해당 지역 입주권으로 방향을 돌리기도 하므로 이때 매도하면 됩니다.

가장 좋은 매도 시점은 입주가 시작할 때입니다. 입주까지는 안전마진이 확보되기 때문에 꾸준하게 상승할 수 있는 가능성이 매우 높습니다. 실거주가 가능하면 실거주를 한 후 매도하고, 실거주가 불가능하면 입주 시점에 매도하는 게 가장 큰 수익을 얻을 수 있습니다.

프리미엄 이해하기

재개발 투자 시 투자자들이 가장 먼저 생각하는 것이 바로 프리미엄입니다. 내가 투자하려는 매물의 프리미엄이 얼마인지에 따라 잘 매수했는지 아니면 비싸게 매수했는지를 판단하게 됩니다.

사업시행인가 전이라면 대략적인 예상감정가를 예측해 매수가에서 차감하면 프리미엄을 알 수 있습니다. 〈감정평가 예측하기(p.226)〉편에서 서술했지만 단독주택이나 다가구주택은 감정평가금액을 예측하기가 쉬운 편이나, 다세대인 빌라나 아파트와 같은 집합건물은 비교사례법으로 감정평가를 하기 때문에 예측하기가 힘듭니다.

사업시행인가 이후라면 조합에서 감정평가금액을 통보하기 때문에 정확한 프리미엄을 계산할 수 있어 시세가 형성됩니다.

예시 대지지분 8평, 전용면적 15평의 빌라(매매금액 2억 원)
감정평가금액 8,000만 원, 프리미엄 1억 2,000만 원

프리미엄이란 무엇을 의미할까요?

재개발 조합원들에게는 일반분양가가 아닌 조합원분양가가 별도로 책정됩니다. 조합원분양가는 일반분양가와 비교해 보통 20~40% 정도 저렴합니다. 예를 들어 $59m^2$ 기준 조합원분양가가 3억 원이라면 일반분양가는 4억 5,000만 원 즉, 1억 5,000만 원의 차이가 생기는데요. 일반적으로 조합원에게는 현재 보유하고 있는 부동산의 가치보다 낮게 감정평가를 하기 때문에 시세와 감정평가금액의 차이를 저렴한 조합원분양가로 보상해 줍니다.

물론 입지가 좋은 구역이나 부동산 경기가 좋으면 일반분양가를 더 높게 책정할 수 있기 때문에 그만큼 수익성이 개선돼 조합원에게 혜택이 간다고 보면 됩니다.

그런데 대부분의 사람들은 프리미엄이 비싼지 저렴한지만 중요하게 생각하다 보니 가끔 실수를 하기도 합니다. 재개발 구역의 근처 부동산에 방문해 가장 먼저 '여기 구역은 프리미엄이 얼마인가요?'라고 묻곤 합니다. 그러면 부동산 중개사는 이런 질문을 하는 사람을 재개발에 대해 잘 모르는 호구 손님이라고 생각할 수도 있습니다.

그러면 주변 시세와 비교해 해당 재개발 지역의 프리미엄이 어떤 차이가 있는지 살펴보겠습니다.

같은 지역구 안에 A, B, C, D, E, F, G 7개의 재개발 구역이 있습니다. 그중에서 인접한 지역인 B, E, F 구역 중에 프리미엄이 비슷하게 형성돼 있는 B구역과 E구역을 먼저 비교해 보겠습니다.

B구역은 59m^2 1억 2,000만 원, 74m^2 1억 4,000만 원, 84m^2 1억 5,000만 원입니다.

E구역은 59m^2 1억 1,000만 원, 74m^2 1억 3,000만 원, 84m^2 1억 5,000만 원으로 약간의 차이가 있지만 비슷한 프리미엄 시세를 보이고 있습니다.

그러면 진짜로 B구역과 E구역의 시세는 비슷할까요?

아닙니다. 우리가 확인해야 할 부분은 바로 조합원분양가로 여기에서 큰 차이가 있습니다. B구역에 비해 E구역의 조합원분양가는 3,000~9,000만 원 낮습니다. E구역의 조합원분양가가 훨씬 낮게 책

평형	A			B			C		
	조분가	프리미엄	총액	조분가	프리미엄	총액	조분가	프리미엄	총액
59	2.76	1.3	4.06	2.64	1.2	3.84	3.31	1.1	4.41
74	3.23	1.5	4.73	3.30	1.4	4.7	3.98	1.1	5.08
84	3.51	1.8	5.31	3.74	1.5	5.24	4.22	1.1	5.33

평형	D			E			F			G		
	조분가	프리미엄	총액	조분가	프리미엄	총액	조분가	프리미엄	총액	조분가	프리미엄	총액
59	2.71	1.2	3.91	2.35	1.1	3.45	3.09	0.75	3.84	3.04	0.8	3.84
74	3.24	1.5	4.74	2.70	1.3	4	3.54	0.85	4.39	-	-	-
84	3.55	1.7	5.25	2.85	1.5	4.35	3.98	0.95	4.93	3.91	1.2	5.11

정돼 있기 때문에 현재 형성돼 있는 프리미엄이 아니라 조합원분양가
와 프리미엄을 더한 총 매매가격을 확인해야 합니다.

이번에는 E구역과 F구역을 비교해 보겠습니다.

F구역의 프리미엄이 7,500~9,500만 원으로 낮게 형성돼 있습니
다. 이런 낮은 프리미엄 시세만 보고 '와 싸다!'라고 착각해 덥석 구매
하는 경우도 있습니다.

이는 P(프리미엄)만 생각하다 피(해) 보는 경우에 해당됩니다.

F구역의 조합원분양가는 E구역에 비해 7,000~1억 1,000만 원 더
높게 책정돼 있기 때문에 총 매매가격을 확인해 보면 F구역이 전체적
으로 4,000~6,000만 원 정도 높은 것을 알 수 있습니다. 그렇기 때문

에 F구역은 절대 저렴하지 않습니다.

프리미엄이 차이 나는 이유는 무엇일까요?

이유는 바로 구역별 사업성에 따라 조합원분양가가 상이하게 책정되기 때문입니다. 좋은 입지를 가진 구역은 향후 높은 일반분양가 책정이 가능해 사업성이 개선될 수 있고 또는 조합의 일처리 능력이 탁월해 사업 속도가 타 구역에 비해 빨라지면 금융비용 및 기타비용을 획기적으로 줄일 수 있어 사업성이 좋아지기 때문입니다. 그래서 항상 투자할 때는 총 매매가격을 확인하고 비교해야 한다는 점이죠.

다시 한 번 강조하지만 프리미엄만 봐야 하는 게 아니라 총 매매가격 확인이 중요합니다!

그럼 동일한 구역 내에서도 모두 다 비슷한 프리미엄을 유지할까요? 정답은 아닙니다.

이유는 매물의 특성에 따라 다른데요.

첫 번째는 평형신청 매물에 따라 달라집니다. 사업시행인가 이후 조합원들은 희망하는 평형을 신청하게 됩니다. 물론 감정평가금액이 높은 조합원일수록 본인이 희망하는 평형을 받기가 쉽습니다. 최근에는 중대형평수가 인기가 있다 보니 $59\,m^2$보다는 $74\,m^2$, $84\,m^2$, $101\,m^2$의 프리미엄 시세가 더 높은 편입니다. 만약 비슷한 감정평가를 받은 조합원 입장에서 추가 부담금에 대한 부담으로 작은 평수를 선택했다면 큰 평수를 선택한 조합원에 비해 적게는 수천만 원에서 많게는 수억 원의 손해를 보기도 합니다. 이처럼 순간의 선택이 향후 수익의 차이를 만드는 것이죠.

두 번째는 초기투자금액에 따라 프리미엄이 달라질 수 있습니다. 3가지 이유가 있는데 예시를 통해 살펴보겠습니다.

예시 1

감정평가금액이 작은 경우 초기투자금액이 낮아집니다. 감정평가금액이 4,000만 원인 매물과 2억 원의 매물은 프리미엄이 동일할 수 없습니다. 동일 평형을 신청한 매물이라도 프리미엄이 1,000~2,000만 원정도 차이가 납니다.

4,000만 원의 매물이 프리미엄이 2억 원이면 초기투자금액은 2억 4,000만 원이 필요하고, 감정평가금액이 2억 원의 매물이 그보다 낮은 1억 8,000만 원의 프리미엄이 형성됐다면 초기투자금액은 3억 8,000만 원이 필요합니다.

매물A: 감정평가금액 4,000만 원 + 프리미엄 2억 원

= 초기투자금액 2억 4,000만 원

매물B: 감정평가금액 2억 원 + 프리미엄 1억 8,000만 원

= 초기투자금액 3억 8,000만 원

투자자 입장에서는 일반적으로 프리미엄 시세가 조금 비싸더라도 초기투자금액이 적게 드는 매물A를 선호합니다.

최근에는 조정지역으로 묶이는 지역이 늘어남에 따라 기존주택 보유자들에게는 이주비 대출이 막히는 경우가 많습니다. 만약 이주비 대출 승계가 안 된다고 하면 초기투자금액이 그만큼 늘어날 수 있습니다.

이주비 대출 승계: 감정평가금액 2억-(이주비 대출 60% 1억 2,000) + 프리미엄 2억
= 초기투자금액 2억 8,000만 원

이주비 대출 없음: 감정평가금액 2억 + 프리미엄 1억 8,000만 원
= 초기투자금액 3억 8,000만 원

이처럼 이주비 대출의 실행 여부에 따라 초기투자금액이 1억 이상 차이가 나기 때문에 초기투자금액이 클수록 프리미엄이 약간 저렴합니다.

예시 3

매물에 따른 초기투자금의 차이도 있습니다. 무허가주택은 감정평가금액이 매우 낮고, 다세대 빌라는 대체적으로 감정평가금액이 높습니다.

무허가주택: 감정평가금액 1,000만 원 + 프리미엄 2억
= 초기투자금액 2억 1,000만 원

빌라: 감정평가금액 1억 5,000만 원 + 프리미엄 1억 8,000만

　　　 = 초기투자금액 3억 3,000만 원

　무허가주택 취득 시 빌라에 비해 취등록세가 4.4~4.6%로 높아 무주택 투자자에게는 부담일 수 있지만, 다주택자들에게는 12% 취등록세에 비해 오히려 부담이 없기 때문에 인기가 많아 타 매물과 비교해 프리미엄 시세가 높은 편입니다.

입주권 매수 파악하기
(비싼 프리미엄을 주고 사도 될까?)

프리미엄을 정확히 파악할 수 있는 단계는 사업시행인가 이후로 이때는 사업진행이 절반 정도 진행됐다고 판단하면 됩니다. 사업진행이 잘 되는 만큼 높은 프리미엄을 지불할 수밖에 없는 시점인데, 투자자들은 내가 정말 적정한 시세에 매수했는지 불안함이 생기곤 합니다.

사업시행인가 이후 1억 원의 프리미엄을 주고 매수했다고 가정해봅시다.

조합원분양가가 3억 원이라면 자신의 매물이 감정평가 1억 원과 추가 부담금 2억 원에 프리미엄 1억 원을 더해 총 매수금액은 4억 원

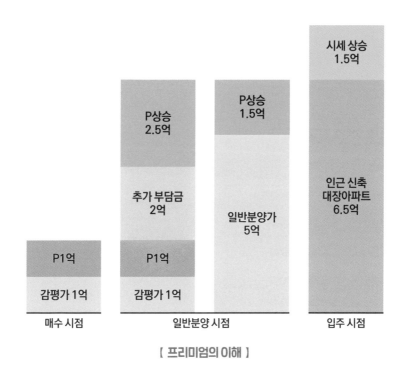

[프리미엄의 이해]

이 됩니다. 동일 평형의 일반분양가가 5억 원이라고 한다면 일반분양
가에 비해 1억 원을 저렴하게 매수한 것입니다. 게다가 일반분양가는
흥행몰이를 위해 일반적으로 주변 신축 시세보다 10~20% 낮게 설
정합니다. 주변 신축 아파트 시세가 6억 5천만 원이라면 추가로 1억
5,000만 원의 안전마진을 예상할 수 있습니다. 그러면 재개발 입주권
을 구매한 사람은 주변 신축 아파트와 비교해 2억 5,000만 원을 저렴
하게 매수한 셈입니다.

조합원분양가 3억 원(감정평가 1억 + 추가 부담금 2억) + 프리미엄 1억 원
= 매수가 4억 원
일반분양가 5억 원
신축 아파트 6억 5,000만 원

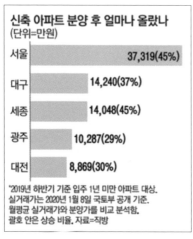

주요 대도시 분양 이후 신축 아파트의 시세 상승률
출처: 국토부, 검색일: 2020.01.08

서울, 수도권뿐만 아니라 지방광역시도 일반분양 이후 또는 입주 이후에도 30% 전후의 추가 상승이 있었습니다. 이런 추가 상승이 가능하면 보다 높은 수익률도 예상할 수 있습니다. 결국 현재의 프리미엄 시세만 보고 판단할 것이 아니라 주변 시세 그리고 향후 입주 시점까지의 시세를 예상해 보면 자신이 매수한 가격이 저렴한지 비싼지를 파악할 수 있습니다.

또한 착공을 시작하면 예전 좋지 않았던 환경이 철거되고 새로운

신축 아파트를 기대할 수 있기 때문에 프리미엄 시세가 급상승하기도 합니다. 이미 일반분양가에 비해 수억 원이 넘는 프리미엄이 붙은 상태인데도 말이죠.

e편한세상금빛그랑메종 506동
매매 10억 8,000
아파트분양권 · 105A/84㎡, 17/28층, 남서향
P 6억 9,535, 84A 막힘없는 확트인 조망권 특급 추천 매물
그랑메종월드공인중개사사무소 | 매경부동산 제공
확인 21.02.10.

e편한세상금빛그랑메종 402동
매매 12억 7,000
아파트분양권 · 105A/84㎡, 8/25층, 남동향
P 6억 7,482, 4단지84타입 초기투자금72593만
금빛그랑메종성문공인중개사사무소 | 매경부동산 제공
확인 21.02.08.

신축 아파트 프리미엄
출처: 네이버부동산, 검색일: 2021.02.08.

그러면 과연 오른쪽 그림처럼 이렇게 프리미엄이 비싼 매물을 매수할 가치가 있을까요? 일반분양 매물과 비교해서 어떠한 장점이 있는지 살펴보겠습니다.

아래는 재개발 구역의 일반분양 청약공고문 중 공급세대에 대한 내용입니다.

주택구분	모델번호	주택형	주택타입	블록	발코니유형	세대당 주택면적(㎡) 공급면적 주거전용	공급면적 주거공용	그 밖의 공용면적 기타공용	그 밖의 공용면적 지하주차장	계약면적(계)	공유대지면적(㎡)	공급세대수 계	특별공급 다자녀	신혼부부	생애최초	노부모	국가유공자	기타특별	일반공급	최고층수	1층세대수	입주예정시기
공공주택	합계											1,718	166	512	339	81	81	166	371	29	106	'23.10
	01	51.9400A	51A	A1	확장	51.9400	16.8899	2.5935	33.0128	104.4362	25.8097	38	4	11	7	1	1	1	13	29	2	
				A3		51.9400	18.2054	3.4339	32.9844	106.5637	26.2864											
	02	59.9800A	59A	A1	확장	59.9800	19.1137	2.9950	38.1230	120.2117	29.7084	404	40	121	80	20	20	51	72	29	41	
				A2		59.9800	19.4257	3.6334	41.0149	124.0540	29.8711											
				A3		59.9800	18.4983	3.9654	38.0902	120.5339	29.7325											
	03	59.9700B	59B	A1	확장	59.9700	19.6458	2.9945	38.1166	120.7269	29.8357	124	12	37	24	6	6	7	32	29	11	
				A2		59.9700	20.6267	3.6328	41.0080	125.2375	30.1560											
				A3		59.9700	19.7802	3.9647	38.0839	121.7988	30.0445											
	04	59.9600C	59C	A1	확장	59.9600	19.2496	2.9940	38.1103	120.3139	29.7337	31	3	9	6	1	1	1	10	28	2	
				A2		59.9600	19.6632	3.6322	41.0012	124.2566	29.9198											
				A3		59.9600	19.4479	3.9641	38.0775	121.4495	29.9583											
	05	59.8700D	59D	A3	확장	59.8700	17.9613	3.9581	38.0203	119.8097	29.5539	47	4	14	9	2	2	1	15	29	5	
	06	74.9600A	74A	A1	확장	74.9600	22.7139	3.7430	47.6442	149.0611	36.8381	473	47	141	94	23	23	56	89	29	18	
				A2		74.9600	22.0681	4.5408	51.2583	152.8272	36.7994											
				A3		74.9600	24.1245	4.9558	47.6032	151.6435	37.4064											
			74A1	A1	확장	74.9600	21.4621	3.7430	47.6442	147.8093	36.5287											
	07	74.9200B	74B	A1	확장	74.9200	24.0378	3.7410	47.6188	150.3176	37.1486	386	38	115	77	19	19	40	78	29	13	
				A2		74.9200	24.4089	4.5384	51.2310	155.0983	37.3463											
				A3		74.9200	25.5253	4.9531	47.5778	152.9762	37.7352											
	08	74.9900C	74C	A1	확장	74.9900	23.1731	3.7445	47.6633	149.5709	36.9641	137	13	41	27	6	6	7	37	29	2	
				A2		74.9900	23.3018	4.5426	51.2789	154.1133	37.1091											
	09	84.9800A	84A	A1	확장	84.9800	23.9665	4.2433	54.0129	167.2027	41.3215	60	6	18	12	3	3	2	16	29	9	
				A2		84.9800	23.1129	5.1478	58.1101	171.3508	41.2597											
	10	84.9300B	84B	A3	확장	84.9300	24.3598	5.6149	53.9347	168.8394	41.6482	18	1	5	3	-	-	-	9	29	3	

산성자이 일반분양 세대수

출처: 청약홈

일반청약 시 간혹 청약 흥행몰이를 위해 고층을 한두 개 내놓기도 하는데 대부분은 저층과 향이 좋지 않는 매물들만 일반청약으로 나옵니다. 이는 조합원을 위한 재개발 구역이므로 조합원에게 로얄동과 로얄층을 먼저 배정하기 때문입니다. 비선호 매물만 일반분양으로 나옴에도 불구하고 경쟁률은 예상보다 치열해 수백대 일이 넘기도 합니다.

1,000세대가 넘는 단지에 몇 개 없는 펜트하우스 같은 프리미엄 매

펜트하우스는 대부분 조합원 배정(위)　　　　　　출처: 네이버 이미지
테라스 타입은 동일 면적보다 높은 시세(아래)

물은 거의 100% 조합원 몫입니다. 코로나 사태로 개인 앞마당이 있는 테라스형 타입의 인기가 더욱 높아지고 있는데 이런 테라스 타입도 조합원이 먼저 선점하기 때문에 일반분양 물량으로 나오는 경우는 거의 없습니다. 동일한 평형대보다 이러한 특수물건은 수천만 원에서 수억 원까지 시세가 높지만 매수하려는 수요는 많기 때문에 매매시장에서 귀한 대접을 받습니다.

또한 조합원들에게만 특별하게 제공되는 무상제공 품목은 최신 가전제품부터 시스템 에어컨에 이르기까지 다양합니다. 만약 결혼을 앞둔 자녀가 있다면 혼수품으로도 충분히 대체할 수 있을 정도입니다. 그리고 이주 시점에는 시공사들이 빠른 이주를 위해 인센티브 형식으로 수백만 원에서 많게는 몇 천만 원까지 이사비용을 제공하기도 합니다.

무상제공 이외에도 조합원에게는 중도금 이자를 사업비에서 충당해 무이자로 제공하는 혜택도 있습니다.

조합원 입주권 매물의 혜택을 종합해 보면 다음과 같습니다.

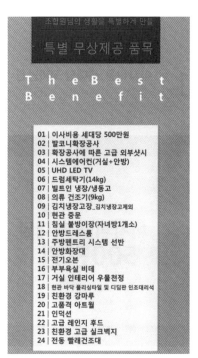

조합원님의 생활을 특별하게 만들

특별 무상제공 품목

The Best
Benefit

01	이사비용 세대당 500만원
02	발코니확장공사
03	확장공사에 따른 고급 외부샷시
04	시스템에어컨(거실+안방)
05	UHD LED TV
06	드럼세탁기(14kg)
07	빌트인 냉장/냉동고
08	의류 건조기(9kg)
09	김치냉장고제외_김치냉장고제외
10	현관 중문
11	침실 붙박이장(자녀방1개소)
12	안방드레스룸
13	주방펜트리 시스템 선반
14	안방화장대
15	전기오븐
16	부부욕실 비데
17	거실 인테리어 우물천정
18	현관 바닥 폴리싱타일 및 디딤판 인조대리석
19	친환경 강마루
20	고품격 아트월
21	인덕션
22	고급 레인지 후드
23	친환경 고급 실크벽지
24	전동 빨래건조대

조합원 무상제공 품목

조합원 무상제공품 : 약 2,000~3,000만 원

무상 이주비 제공 : 약 500~2,000만 원

중도금 무이자 혜택 : 약 1,500~2,000만 원

로얄동, 로얄층의 시세 차익 : 약 5,000~2억 원

일반분양 매물과 비교하더라도 9,000~2억 7,000만 원의 격차가 생깁니다. 그래서 조합원 입주 매물의 총매가가 일반분양가를 넘는다고 하더라도 이러한 혜택을 감안한다면 그리 비싼 금액이 아님을 알 수 있습니다.

비례율 이해하기

'비례율 어디서 들어보긴 했는데… 근데 대부분 비례율은 100%였던 것 같은데….'

재개발·재건축 사업에서 빠질 수 없는 단어가 바로 비례율입니다. 비례율이란 결국 재개발 사업성을 대표하는 지표이기 때문에 현재의 비례율로 사업성을 파악할 수 있습니다. 결국 비례율이 높은 곳은 사업성이 좋다고 인식하며, 비례율이 낮은 곳은 사업성이 좋지 않다고 인식하기 쉽습니다.

다음에 나오는 공식과 그림을 통해 설명하겠습니다.

$$비례율 = \left\langle \frac{(종후자산평가액 - 총사업비)}{종전자산평가금액} \right\rangle \times 100$$

*종후자산평가액=일반분양 수입+조합원분양 수입

*종전자산평가액=현금청산자를 제외한 조합원들의 감정평가액 합계

[비례율 이해하기]

결국 조합원분양 수입과 일반분양 수입의 합계와 종전자산평금액과 총사업비의 합계가 동일할 때 비례율은 100%가 됩니다.

비례율의 상승과 하락에 따라 조합원이 통보받은 감정평가금액의 가치도 달라집니다.

권리가액이란 조합원이 보유하고 있는 부동산의 가치를 말하는데 만약 비례율이 100%에서 120%로 상승하면 감정가액이 20% 상승한 가치로 평가받으며, 반대로 비례율이 100%에서 80%로 줄어들면 감정가액 또한 20% 감소한 가치로 평가받습니다.

일반적으로 비례율의 상승과 하락에 따라 조합원의 재산이 상승하거나 하락하게 됩니다. 비례율의 변동으로 인해 조합원의 재산 가치가 일희일비 되는 것이죠.

비례율 상승 시(120%)	비례율 하락 시(80%)
감정가액 1억 원 ⟶ 권리가액 1억 2,000만 원	감정가액 1억 원 ⟶ 권리가액 8,000만 원

그런데 공교롭게도 비례율이 100%에 맞춰진 사업장이 대부분입니다. 그러면 모든 사업장이 종후자산평가액과 종전자산금액+총사업비의 균형을 잘 맞춰서 100%가 된 것일까요? 절대 아닙니다. 관리처분계획인가 시 정확한 비례율을 알 수 있고, 추후 일반분양가 상승 또는 사업비 상승에 따라 비례율이 달라질 수 있지만 일반적으로 100%를 맞추려고 대부분의 사업장이 노력합니다.

비례율이 너무 많이 상승해도 그에 따른 법인세와 배당소득세가 발생합니다. 또한 비례율이 너무 많이 낮아져도 사업성 하락이라는 인식 때문에 조합원들의 반발이 거셀 수 있습니다. 그런데 비례율이 100%에 맞춰지면 법인세 조절과 조합원들의 갈등 해소에 용이합니다.

예를 들어 감정평가금액이 10억 원인 조합원과 감정평가금액이 1,000만 원인 조합원이 있다고 하면 비례율 20% 상승 시 2억 원과 200만 원의 가치가 각각 상승하게 됩니다. 비례율 상승으로 인해 낮은 감정평가금액의 조합원들은 상대적으로 혜택이 적다고 생각할 수도 있습니다. 그래서 조합원들의 갈등을 완화시키기 위해 비례율을

100%에 맞추도록 조절하기도 합니다. 다만, 비례율은 사업진행에 따라 달라지기 때문에 일반분양 시점에서 다시 조정되고 입주가 완료된 후에도 변할 수 있음을 기억해야 합니다.

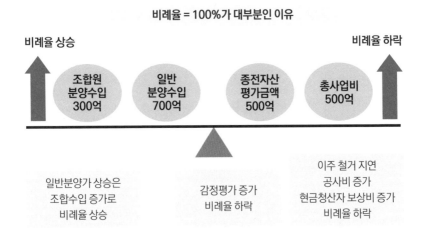

[비례율 상승 하락표]

비례율 = 100%가 대부분인 이유

비례율 상승   비례율 하락

| 조합원 분양수입 300억 | 일반 분양수입 700억 | 종전자산 평가금액 500억 | 총사업비 500억 |

일반분양가 상승은
조합수입 증가로
비례율 상승

감정평가 증가
비례율 하락

이주 철거 지연
공사비 증가
현금청산자 보상비 증가
비례율 하락

① 어떠한 요인으로 비례율이 변하게 되는 걸까요?

우선 비례율이 상승하는 요인으로는 종후자산평가금액의 상승이 있습니다. 일반적으로 일반분양 시점에 부동산 경기의 호조로 예상보다 높은 분양가가 책정되고, 미분양 없이 완판되면 수익이 올라가게 됩니다.

예를 들어 관리처분계획인가 시 일반분양 수입을 700억 원으로 예상했는데 부동산 경기 호조로 인해 일반분양가가 상승해 수입이 800억 원으로 늘어났다면 종후자산평가금액(조합원분양 수입 300억 원+일반분양 수입 700억 원)이 기존 1,000억 원에서 1,100억 원으로 올라갑니다. 그러면 비례율은 무려 20%가 올라갑니다.

$$\frac{\text{종후자산평가액(1,100억 원)} - \text{총사업비(500억 원)}}{\text{종전자산평가액(500억 원)}} \times 100\% = 120\%$$

여기서 조합원분양가와 일반분양가 중 어느 쪽이 분양가 상승에 따른 반발이 낮을까요? 아마도 대부분 일반분양가라고 생각할 겁니다. 특히 요즘 같이 활황기에는 '마음대로 일반분양가를 높일 수 있지 않을까?'라고 생각하기 쉬운데요. 대부분 조합에서는 일반분양가를 책정할 때 면밀히 검토해 약간 보수적으로 결정합니다. 주변 시세와 비교해 높거나 비슷하게 책정하면 흥행몰이에 실패하면서 미분양이 생길 수 있고, 시세에 비해 낮게 책정하면 흥행몰이는 성공하더라도 조합 수익에는 도움이 안 되기 때문에 일반분양 시점의 분위기와 부동산 경기 흐름에 영향을 받습니다.

반면에 최근에는 조합원분양가가 가파르게 상승하고 있는 추세인데요. 재개발 경험이 많은 제가 봐도 과하다고 느껴지는 사업장이 많습니다. 이유는 이미 분양신청을 한 조합원들은 현금청산자가 아니기 때문에 낚은 고기라고 생각하기 쉽습니다. 만약 분양가를 조금 올리더라도 분양신청을 취소할 수도 없기 때문이죠. 그리고 관리처분 시점이면 어느 정도의 프리미엄도 상승해 조합원들의 반발도 그만큼 줄어들기 때문입니다.

또한 흔하지 않은 경우이긴 하나 총사업비가 줄어들어 비례율이 올라가는 경우도 있습니다. 예를 들어 이주 및 철거 기간을 2년을 계획했는데 조합원들의 협조와 조합의 빠른 사업진행으로 일 년 만에 철거까지 끝내면서 금융비용이 50억 원이 줄어든다면 비례율은 어떻게 변할까요? 금융비용이 절감된 총사업비는 기존 총사업비 500억 원에서 금융비용 50억 원이 줄어든 450억 원이 됩니다. 따라서 비례율은 10%가 올라갑니다.

$$\frac{\text{종후자산평가액(1,000억 원)} - \text{총사업비(450억 원)}}{\text{종전자산평가액(500억 원)}} \times 100\% = 110\%$$

실제로 이런 사례는 많지 않지만 분명 있습니다. 최근에 인천 부평 4구역의 경우가 이주 및 철거 기간이 단 일 년 만에 끝났습니다. 원래 사업성이 좋은 구역이어서 비례율 상승이 예상됐지만 이주 철거 기간의 단축으로 금융비용이 절감돼 비례율을 133.8%로 상승시키는 데 일조했기 때문이죠.

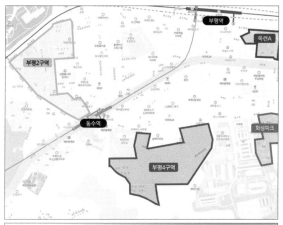

일 년 만에 이주 및 철거를
완료한 부평4구역

　이와 같이 조합원분양가 또는 일반분양가를 높이거나 총사업비 절
감으로 인해 수익성이 올라가면 비례율도 상승하게 됩니다. 만약 일
반분양 수입 증가와 이주 및 철거 기간 단축으로 인한 금융비용 절감
이 동시에 이루어진다면 상상할 수 없을 만큼 높은 비례율 상승도 가
능하겠죠.

반면에 비례율이 하락하는 요인은 많습니다.

가장 흔한 사례가 총사업비의 증가입니다. 사업비의 증가는 여러 가지 원인이 있습니다.

우선 사업진행이 지연되면서 금융비용이 증가할 때입니다. 조합원들과 조합과의 갈등으로 인한 사업 지연부터 현금청산자들의 감정평가금액에 대한 불만으로 인한 소송 및 이주 지연, 전국철거민연합회(전철연)와 연합해 세입자들의 이주 거부로 인한 사업 지연, 조합장 및 조합이 정비업체 또는 여러 업체들과의 결탁으로 인한 방만 및 부실경영 그리고 부동산 경기 하락 시 미분양으로 인한 판촉비용 증가 등이 있습니다.

또 하나는 예상보다 높은 공사비 증가입니다. 시공사 선정 시 사업권을 따내기 위해 낮은 공사비와 고급화를 약속했던 대기업 건설사들이 정작 본계약에서는 물가상승분에 따른 공사비 증액보다 몇 배나 높은 공사비를 요구하는 경우가 허다합니다. 심지어 시공사 선정 시 건설사가 약속했던 고급화는 사라지고 빌라 수준의 마감재로 시공함에 따라 조합원들이 이에 반발할 경우 막대한 추가비용을 요구하기도 합니다.

예를 들어 금융비용 증가 및 공사비 증액으로 총사업비가 100억 원이 늘어났다면 총사업비는 기존 사업비 500억 원에서 100억 원 증가한 600억 원이 됩니다. 비례율은 무려 20% 감소하게 됩니다.

$$\frac{\text{종후자산평가액}(1,000억\ 원)-\text{총사업비}(600억\ 원)}{\text{종전자산평가액}(500억\ 원)} \times 100\% = 80\%$$

또한 종후자산평가액이 감소하면 비례율이 하락하게 됩니다. 만약 부동산 불경기로 인해 관리처분계획인가 시 예상했던 일반분양가보다 낮게 책정되거나 미분양으로 인한 일반분양 수입이 줄어드는 경우입니다. 이는 생각만 해도 아찔한데요. 여러분도 잘 아는 강북의 맹주 마포래미안푸르지오 및 경희궁자이도 분양 당시 미분양이었습니다. 지금 생각하면 말도 안 되는 이야기이지만요.

이렇듯 부동산 경기 하락으로 낮은 일반분양가 책정과 미분양으로 인한 일반분양 수입이 감소해 예상보다 50억 원이 줄어들었다면 종후자산평가액은(조합원분양 수입 300억 원+일반분양 수입 650억 원) 950억 원으로 감소하게 되면서 비례율은 10%나 감소합니다.

$$\frac{\text{종후자산평가액}(950억\ 원)-\text{총사업비}(500억\ 원)}{\text{종전자산평가액}(500억\ 원)} \times 100\% = 90\%$$

만약 부동산 경기가 하락하고 사업 지연으로 인해 금융비용 증가나 공사비 증액이 생긴다면 예상보다 훨씬 비례율이 낮아질 수 있습니다. 물론 이런 상황까지 가면 안 되겠죠. 일반적으로 조합에서도 과도

하게 비례율이 하락하면 조합원들의 반발이 심해질 것을 예상하기 때문에 조합원들의 감정평가금액을 조정하거나 조합원분양가를 높여 비례율을 100%로 맞추는 경우가 비일비재합니다.

최근 몇 년간은 부동산 경기 활황으로 인해 대부분의 재개발 구역에서는 관리처분계획인가 시 예상한 일반분양가보다 높은 분양가를 책정하고 있습니다. 그러면 수익성이 높아지겠죠. 이로 인해 조합원들에게 많은 혜택이 갈 거라고 예상하는데 실제는 예상보다 못한 결과가 나오는 경우가 많습니다. 어떤 이유에서 그럴까요?

강북의 A재개발 구역은 총 1,000세대로 조합원이 600세대, 임대분양 100세대, 일반분양이 300세대입니다. 조합원과 임대분양을 포함한 일반분양의 비율은 60%와 40%입니다. 관리처분계획인가 시 일반분양가를 평당 1,500만 원을 책정했고, 실제 일반분양 시점에는 평당 1,800만 원으로 상승했습니다. 예상보다 평당 분양가는 20%나 상승했으니 비례율도 20% 상승할 거라고 생각하기 쉽습니다. 현실에서는 수입이 늘어나는 만큼 그에 따른 법인세와 배당소득세가 발생합니다.

예를 들어 일반분양가 상승으로 500억 원의 추가 수입이 발생해 조합에서 3가지 방안을 조합원들에게 제시한다고 가정해 봅시다.

1안. 500억 원을 전부 고급화에 사용

2안. 500억 원을 전부 조합환급금 지급

3안. 200억 원은 고급화, 300억은 환급금

1안대로 500억 원을 전부 고급화에 사용할 경우 조합원 대상을 제외한 임대분양 및 일반분양분에 사용한 비용만 경비처리가 됩니다. 쉽게 말해 일반 사업자들이 고객을 위한 비용 사용 시 접대비 처리로 가능한 경우와 비슷합니다.

임대 및 일반분양 200억+조합원 300억(40% : 60%)

200억만 경비처리

300억 법인세 부과 및 배당소득세 부과

그래서 조합원분양분에 사용한 고급화 비용인 300억 원에 대해 법인세가 부과되고 조합원들을 위한 고급화 비용이므로 환급과 동일하게 간주돼 별도의 배당소득세가 부과됩니다.

2안대로 500억 원을 전부 환급해 주는 경우 당연히 500억 원에 대한 법인세 및 배당소득세가 부과됩니다.

500억 법인세 부과 및 배당소득세 부과

3안의 경우가 조금 복잡한데요. 200억 원은 고급화에 사용하고 300억 원은 환급해 주는 경우, 고급화에 사용한 200억 원 중 임대 및 일반분양분에 사용한 비용인 200억 원의 40%인 80억 원만 비용처리가 가능하고 나머지 조합원분에 사용한 120억 원과 조합원들에게 환급해 준 300억 원에 법인세와 배당소득세가 부과됩니다.

200억 고급화 40%인 80억만 경비처리
고급화 120억+ 환급금 300억
420억 법인세 부과 및 배당소득세 부과

결과적으로 비례율 10%가 상승할 때 법인세와 배당소득세가 약 3.3% 빠져 실제적인 비례율은 약 6.7%만 상승하게 됩니다. 그래서 일반분양 수입이 20% 증가하더라도 실제 비례율은 13.4%만 상승하는 것이죠.

비례율 10% 상승 시 약 3.3%가 법인세와 배당소득세

② 왜 조합원들은 고급화에 목말라 있을까요?

이유는 고급화로 인해 타 아파트 단지와 차별성을 갖게 되면 바로 시세에 반영되기 때문입니다. 비례율 상승으로 20% 환급받으면 자신의 매물은 감정평가금액이 20% 상승해 적게는 수백만 원에서 많게는 수천만 원이 늘어납니다. 하지만 고급화로 인해 내·외장 마감재가 업그레이드되고 커뮤니티 및 조경 등이 개선되면 타 아파트 단지에 비해 적게는 수천만 원에서 많게는 수억 원 이상의 시세 상승이 가능합니다.

일반적으로 강남 재건축 아파트들은 고급화를 추구해 멋진 아파트로 변모하게 되는데 강북에서도 강남 재건축 못지않게 고급화를 이룬 단지가 있습니다. 바로 마포 아현뉴타운에 있는 염리3구역(마포 프레스티지자이)입니다.

염리3구역은 조합장 교체로 상당한 내홍을 겪었지만 신임 조합장의 부단한 노력과 조합원들의 협조로 시공사와 지속적인 협상 끝에 추가비용을 들여 고급화의 결실을 맺었습니다. 이런 고급화로 인해 강북에서 최초로 $84m^2$ 실거래가 20억 원을 달성했습니다. 추가비용만 내면 다 업그레이드된다고 생각할 수 있는데 절대 그렇지 않습니다. 최근에는 일반분양 수입 증가로 인해 많은 재개발 구역에서 고급화를 추진하고 있지만 더 많은 비용을 투입하고도 업그레이드 수준이 만족스럽지 못한 곳도 많습니다.

마포 프레스티지자이 고급화 결과

③ 비례율의 상승과 하락이 예상될 때 어떠한 매물을 선택해야 할까요?

감정평가 높은 매물A 감정가 5억 원+프리미엄 1억 원	감정평가 낮은 매물B 감정가 1,000만 원+프리미엄 2억 원
장점 *1+1 또는 대형평수 신청 *저렴한 프리미엄 *비례율 상승 시 추가 환급금 기대	**장점** *초기투자비용이 낮음 *비례율 하락 시 리스크가 거의 없음 *거래가 잘 됨
단점 *초기투자비용이 높음 *취등록세가 높음 *비례율 하락 시 추가 부담금 발생	**단점** *높은 프리미엄 *비례율 상승 시 추가 환급금 거의 없음 *낮은 감정가로 평형신청 시 순위에서 밀림

감정가가 큰 매물과 작은 매물은 각각의 장점과 단점이 있습니다. 그래서 실거주를 위한 투자라면 초기비용이 들더라도 총매매금액이 낮고 비례율 상승 시 추가 혜택이 있는 감정가 큰 매물A를 선택하는 것을 추천하고, 실거주가 아닌 투자면만 본다면 초기투자금액도 낮고 거래도 잘 되는 장점을 가진 감정가 낮은 매물B를 추천합니다.

분담금, 추가 부담금 이해하기

사업시행인가 이후 재개발 조합원은 자신이 소유한 부동산의 감정평가를 통보받습니다.

소유한 부동산만으로 신축 아파트를 분양받으면 좋겠지만 일반적으로 추가 부담금(분담금과 동일 의미임)을 내야 합니다. 그러면 얼마나 많은 추가 부담금을 내야 할까요? 그건 바로 조합원 본인이 신청한 평형에 따라 금액이 달라지겠죠.

조합원분양가 – 권리가액= 추가 부담금
권리가액=감정평가금액 × 비례율

예를 들어 $84m^2$을 신청한 경우 조합원분양가 5억 원, 감정평가금액이 2억 원, 비례율이 100%이면,

5억 원- (2억 원×100%)= 추가 부담금 3억 원

그런데 문제는 사업 리스크에 따라 비례율이 하락할 수도 있고 일반분양가 상승에 따른 수익으로 비례율이 상승할 수도 있습니다. 권리가액은 비례율에 따라 달라지는데 이에 따라 조합원의 분담금이 줄거나 늘어날 수 있습니다. 감정평가금액이 2억 원인 조합원은 비례율이 10% 감소하면 권리가액이 1억 8,000만 원으로 줄어 분담금은

도시및주거환경정비법 제74조 제3항에 의한 통지 내역서									
성명				생년월일			조합원번호		

분양대상자별 종전의 토지 또는 건축물의 명세 및 사업시행인가의 고시가 있은 날을 기준으로 한 가격	소재지	지번	물건의 종류	구조 및 규격	토지		건축물		종전자산 평가액 합계
					면적	평가액(원)	면적	평가액(원)	
	부평구 부용동	756	다세대주택 (공동주택지분포함)	철근콘크리트조 지하1층 상 75㎡	36.45	건물에 포함 평가	68.75	89,500,000	89,500,000

분양대상자별 분양예정인 대지 또는 건축물의 추산액					조합원의 부담규모 및 시기				
타입	분양신청평형 (1순위)	조합원 분양가 (타입별 평균)	2주택신청자 (59㎡)	추산액(원)	종전자산 평가액	비례율	권리가액	분양신청평형 합계액	조합원 부담금 (- ·환급금)
59㎡									
72㎡	72	271,850,000		271,850,000	89,500,000	133.80%	119,751,000	271,850,000	152,099,000
84㎡									
상가									
추산액 합계				271,850,000	희망동호수		104동3	희망동호수 (2주택신청자)	

- 통지 내역서는 감정평가서 및 분양신청기간 내 제출한 분양신청서[59㎡, 72㎡, 84㎡(저층 희망자)] 해당자는 제출한 조합원 분양기준에 따른 동[타입 적용]를 기준으로 작성되었습니다.
- [59㎡, 72㎡, 84㎡(저층 희망자)]형 조합원 분양기준 동에 따른 동에서 제출한 분양대상자별 분양예정인 대지 또는 건축물의 추산액은 감정평가서에 의한 조합원 분양가격으로 추후 분양계약 등을 거쳐 확정됨을 알려드립니다.
- 84㎡형의 분양대상자별 분양예정인 대지 또는 건축물의 추산액은 감정평가서에 의한 모든 타입 (평균)추산액으로 추후 동호수추첨 및 분양계약 등을 거쳐 확정됨을 알려드립니다.
- 상가 동의 분양대상자별 분양예정인 대지 또는 건축물의 추산액은 평균 분양가를 계약면적(지하1층포함 등)로 20평 기준) 대비 13,000천원/평을 기준으로[인천환경시 도시 및 주거환경정비조례 제35조]에 의거 분양대상자의 유/무가 결정됨에 따라 해당하는 분양기준에 맞춰 산정 신청 하였으며, 추후 상가조합원 유/무 확인 후 상가 조합원 의견에 따라 추가 결정 동 분 분양계약을 거쳐 확정됨을 알려드립니다.

조합원 감정평가금액 통지서

2,000만 원이 늘어납니다. 반면에 비례율이 10% 증가할 경우 권리가액이 2억 2,000만 원으로 증가해 분담금은 2,000만 원이 줄어듭니다.

이처럼 비례율에 따라 분담금이 늘어날 수도 줄어들 수도 있습니다.

사진을 보면 조합원 감정평가금액이 8,950만 원으로 나왔습니다. 추정 비례율이 133.8%로 상향돼 권리가액은 약 1억 1,970만 원이 됩니다. 비례율 상승으로 인해 권리가액이 3,000만 원 증가함에 따라 조합원분양가에서 그만큼 부담액이 줄어들게 됩니다.

실제 착공 전 일반분양자들보다 먼저 조합원들이 계약하게 됩니다. 이때는 조합원이 선택 또는 추첨 받은 평형, 타입, 층수에 따라 정확한 조합원분양가가 정해집니다. 높은 층수와 좋은 타입의 경우 평균보다 조합원분양가가 높아지겠죠. 조합원분양가에서 본인의 권리가

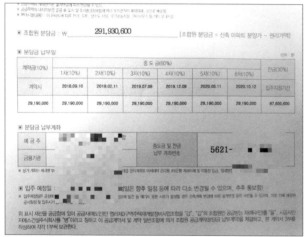

조합원 분양계약서

액을 제외한 추가 부담금이 계약금액이 됩니다.

일반적으로 착공 시 계약금 10%와 4~5개월 간격으로 중도금을 6차례 나누어 납부하게 됩니다. 조합의 금융 사업비 상황에 따라 중도금을 무이자로 제공하거나 또는 이자 후불제를 선택하기도 하는데 최근에는 부동산 대출 규제 강화로 중도금 대출이 불가능한 조합원을 구제하거나, 추가 부담금 마련을 조금이나마 덜어 주고자 입주 시 잔금 100%로 계약하는 구역도 늘고 있는 추세입니다. 물론 이를 위해서는 조합에 충분한 사업비가 있어야 가능하겠죠.

규제 속 이주비, 중도금 대출 이해하기

2020. 6.17 부동산 대책 이후 수도권은 대부분의 지역이 조정지역 또는 투기과열지역으로 묶이게 됐습니다. 규제지역으로 바뀌면 가장 먼저 타격을 입는 부분이 바로 대출입니다. 재개발 사업은 관리처분인가 이후에 이주비 대출부터 중도금 대출까지 실행해야 하는데 1주택자는 은행에서 정해 놓은 기간 안에 기존 부동산을 처분하는 조건으로 이주비 대출이 실행되지만, 조정지역 내 2주택 이상 보유한 사람들은 이주비 대출부터 실행이 불가능합니다.

그러면 재개발 투자는 절대 불가능할까요?

사실 이런 어려운 상황에 처하게 되면 조합장의 진면모를 볼 수 있

조정지역 확대로 인한 대출 규제　　　　　　　출처: 국토교통부

는데요. 정부에서 규제한다고 무책임하게 무대응을 하는 조합장이 있는 반면, 빠른 이주 진행을 위해 시공사와 또는 주거래 은행과의 협업을 통해 다른 방안을 강구하는 조합장도 있습니다. 후자는 조합원들을 위해 발 빠르게 대처하는 능력 있는 조합장이라고 할 수 있죠.

이주비 대출이 되지 않으면 임차인이 있는 조합원은 보증금 반환이 어렵기 때문에 결국 이주가 예상보다 늦어지고, 그에 따른 금융비용도 증가할 수밖에 없는 상황입니다. 그래서 조합에서는 무이자 이주비 대출이 아닌 임차인 반환 청구비 명목으로 유상으로 다주택자들에게 대여해 주거나 시공사 보증을 통해 추가 이주비를 지원해 주기도 합니다.

다주택자를 위한 이주비 추가 대출 지원

기존 주택 보유로 인해 당장 임대 보증금 준비가 안 되는 조합원 입장에서는 유이자라도 받아서 보증금을 반환할 수 있다면 얼마나 다행이겠습니까?

이주 및 철거가 완료되면 중도금 대출을 실행하게 되는데 이때도 주택보유자들은 대출 제한이 있습니다. 이런 경우 조합원 스스로 중도금을 자납해야 하는데 자금 여유가 없는 조합원들에게는 큰 부담이 될 수밖에 없습니다. 그래서 최근에는 시공사가 보증하는 형식으로 입주 시 잔금 100%를 납부하도록 진행하는 재개발 조합이 조금씩 늘고 있습니다. 물론 중도금 대출 실행에 대한 이자가 발생하겠지만 이는 조합의 사업비로 충당하는 것이죠. 잔금 100% 납부 조건에서 가장 중요한 부분은 중도금 대출 '자서 없는 입주 시' 100%입니다.

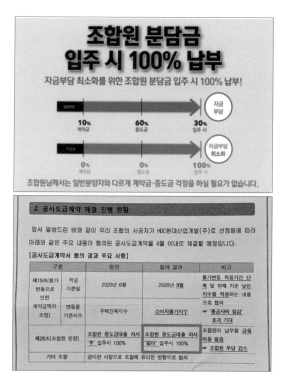

조합원 분담금
입주 시 100% 납부

자금부담 최소화를 위한 조합원 분담금 입주 시 100% 납부!

일반분양
10% 계약금　60% 중도금　30% 입주 시　자금부담

조합원
0% 계약금　0% 중도금　100% 입주 시　자금부담 최소화

조합원님께서는 일반분양자와 다르게 계약금·중도금 걱정을 하실 필요가 없습니다.

2. 공사도급계약 체결 진행 현황

앞서 말씀드린 바와 같이 우리 조합의 시공자가 HDC현대산업개발(주)로 선정됨에 따라 아래와 같은 주요 내용이 협의된 공사도급계약을 4월 이내로 체결할 예정입니다.

[공사도급계약서 협의 결과 주요 사항]

구분		원안	협의 결과	비고
제19조(물가 변동으로 인한 계약금액의 조정)	착공 기준일	2020년 6월	2020년 9월	물가변동 적용기간 단축 및 현재 기준 낮은 지수를 적용하는 내용으로 협의
	변동율 기준지수	주택건축지수	소비자물가지수	'총공사비 절감' 효과 기대
제28조(조합원 분양)		조합원 중도금대출 자서 '후' 입주시 100%	조합원 중도금대출 자서 '없이' 입주시 100%	조합원이 납부할 금융비용 없음 ☞ 조합원 부담 감소
기타 조항		경미한 사항으로 조합에 유리한 방향으로 협의		

자서 없는 입주 시 잔금 100% 조건

'자서'란 대출에 필요한 서류를 작성하는 것을 말하는데 조합원의 상황에 따라 대출 실행의 가부가 결정됩니다. 이런 서류를 작성하지 않는다면 다주택자나 심지어 법인까지도 입주 시점까지 보유가 가능합니다. 이는 조합원들에게는 엄청난 혜택이죠.

자서 없는 잔금 100% 납부 조건은 지금 당장 추가로 들어가는 비용이 없기 때문에 매물만 있다면 거래가 활발하게 이루어질 수 있으

며 이에 따라 시세도 상승합니다.

[잔금 100% 사업장(서울, 수도권 기준)]

지역	사업장
서울	방배5구역, 6구역, 14구역(재건축), 장위4구역, 6구역, 10구역, 14구역 삼선5구역, 제기6구역, 갈현1구역, 용두6구역, 노량진4구역, 6구역, 홍은13구역, 신당8구역, 상계6구역, 한남3구역
수도권	광명4구역, 11구역, 능곡5구역, 용현4구역, 숭의3구역, 청천2구역, 장암5구역

최근에는 시공사 선정 시 치열한 경쟁으로 인해 시공사에서 잔금 100% 조건을 내거는 경우가 늘고 있고, 2020년 서울에서 가장 핫했던 한남3구역 시공사로 선정된 현대건설은 입주 일 년 후 잔금 100%라는 파격적인 조건을 내걸어 조합원들의 지지를 받기도 했습니다.

결국 이러한 조건들은 시공사의 협조와 조합 및 조합장의 의지가 있어야 가능하기에, 조합원을 위하는 조합이라면 부단한 노력이 필요하지 않을까 생각합니다.

Chapter

3

임장활동은
항상 옳다

임장활동이 중요한 이유

재개발에 대한 이론적 지식이 아무리 많더라도 현장을 직접 가지 않는다면 좋은 매물을 찾기 힘듭니다. 그런 이유에서 저는 투자자들에게 현장에 답이 있다고 강조하곤 합니다.

부동산 매물은 살아 있는 생물과 같아서 매수자들이 갑자기 몰리면 매도자의 계좌를 받기 위해 애타기도 하고, 매도 물량이 쌓이면 빠른 매도를 위해 수십 개의 부동산에 연락해야 할 정도로 애먹기도 합니다. 이처럼 부동산은 매수자와 매도자의 심리적 변화에 따라 빠르게 시세가 과열됐다가 급하게 냉각되기도 합니다. 이런 현장 경험은 본인이 직접 체험해 보지 않고서는 말로 표현하기 상당히 어렵습니다.

손품활동과 발품활동(임장)의 격차

우리는 임장활동에 앞서 인터넷을 통해 사전 정보를 수집합니다. 하지만 미리 수집한 인터넷 정보들이 현장에서는 전혀 다르게 보일 때도 있습니다. 이는 손품활동과 발품활동과의 괴리인데요.

예를 들어 임장할 지역을 지도로 확인했을 때는 분명 도보로 2분 거리였으나 실제 현장을 가면 과장을 보태 스키점프대 같은 가파른 경사를 마주하게 됩니다. 이곳을 과연 2분 만에 걸어갈 수 있을까요? 아마 육상선수가 뛰어가도 절대 2분 안에 경사진 도로를 올라가지 못할 것입니다. 이처럼 인터넷을 통해 입수한 사전 정보가 실제 현장과 다른 경우가 종종 있습니다.

상대원2구역 지도와 현장 사진

현장에서 무엇을 봐야 하는가

① 임장 장소의 선택

먼저 어느 현장을 갈지 정해야 합니다. 초보자에게 드리는 임장 Tip은 먼 곳보다는 본인이 살고 있는 거주지 근처의 재개발 구역을 가 보기를 추천합니다. 그리고 본인이 살아 본 경험이 있는 지역이라면 더더욱 좋습니다.

거주 경험은 그 동네의 단점을 잘 알고 있다는 점에서 임장 시에 큰 도움이 됩니다. 언덕이 높거나 편의시설이 없는 곳 또는 역과의 거리가 멀다는 단점, 여기는 절대 시세가 안 오른다는 편견, 그 편견의 벽

성남 산성구역과 신흥2구역

을 넘어설 준비를 하는 것이 바로 임장입니다. 만약 본인이 그 동네에 대해 잘 모른다면 잘 아는 지인과 동행하는 것도 방법입니다. 함께 방문하면서 그 동네의 단점을 들어 보고, 지인의 피드백을 정리해 임장 기록으로 남겨 두면 좋습니다.

그리고 동일한 장소를 몇 번 더 가면 지금까지 알고 있던 것 외에 더 많은 것들이 보이기 시작합니다. 또한 사전 정보를 충분히 숙지하고 향후 개발계획 또는 조감도 등을 머릿속에 새기고 현장에서 확인하면 VR처럼 안 보이던 미래의 모습이 조금씩 보이기 시작할 겁니다. 미래의 모습이 상상된다면 이미 여러분은 임장 고수의 단계입니다.

② 임장 목적 설정

임장은 실전 경험을 쌓기 위한 단순 임장과 본인이 매수하기 위한 사전답사의 형식이 있습니다. 아무래도 매수 목적의 임장이 단순 임장보다 더 꼼꼼하게 볼 수 있습니다. 이때는 현장뿐만 아니라 주변 부동산 그리고 조합사무실을 방문해 보고, 정확한 사업진행 과정을 구청이나 시청 도시재생과에 문의하며 정보를 수집한 후 현장을 본다면 더욱 도움이 됩니다. 만약 임장 경험이 부족하다면 경험이 있는 지인의 도움을 받거나 유튜브나 블로그에 소개된 사전답사 정보를 이용하면 더욱 좋습니다.

③ 임장 타깃 설정

임장활동 시 정확히 어떤 것을 볼지 사전에 정하고 현장에 가면 좀 더
세부적인 정보까지 수집할 수 있습니다.

예를 들어 이주 및 철거 단계의 재개발 구역에서 이주완료 상태나
현금청산자들이 얼마나 남아 있는지를 알고 싶다면 펜스가 쳐 있지
않은 곳 위주로 보면 됩니다. 이주가 이미 완료돼 부분철거가 진행되
고 있음에도 불구하고 다세대 빌라 중 일부 세대에 아직도 도시가스

가림막 설치

철거공사 안내표지판

부분철거가 완료된 섹터

4세대 중 2세대는 미이주 상태임을 알 수 있다.

계량기가 돌아가고 있는지 살펴볼 수 있습니다. 이는 현금청산자이거나 아직 이주할 곳을 구하지 못해서 남아 있는 거주민으로 예상할 수 있습니다. 이런 세부적인 내용은 현장을 가지 않고서는 절대 알 수 없습니다. 구체적인 내용을 꼼꼼하게 기록해 두면 좋습니다.

④ 임장 활동 동선 파악

해당 재개발 구역을 돌아다니면서 주변 시설과 동선을 파악해 보면 좋습니다. 역에서 도보로 얼마나 걸리는지 직접 시간을 재 보고, 버스 노선도 파악합니다. 그리고 자녀가 있다면 주변 초·중·고 교육시설과 재개발 구역과의 도보 소요시간 및 몇 개의 큰 길을 건너야 하는지 등의 동선 파악도 도움이 됩니다. 그밖에도 이주 지연이 예상되는 구역 내의 상가와 종교시설 유무 또는 그런 시설이 얼마나 있는지 확인

주변 종교시설 확인

교육 시설과의 거리 파악(위)
주변 신축 아파트 시세 확인(아래)

하면서 향후 진행과정을 예측할 수 있습니다. 그리고 근처 신축 아파
트 세대의 현황 및 시세 등을 알아 두면 향후 입주 시 시세 예측도 가
능합니다.

조합사무실을 꼭 방문하자

저는 임장 시 조합사무실을 꼭 방문하길 권합니다. 어떤 사람들은 '부동산에 들어가는 것도 부담스러운데 조합사무실을 어떻게 방문하나요?'라고 반문하지만 꼭 조합원이 아니더라도 얼마든지 방문할 수 있습니다.

조합사무실을 방문하면 해당 재개발 구역의 다양한 정보를 얻을 수 있습니다. 사업진행 현황 및 예상기간, 비대위의 활동 상황과 얼마나 강성인지에 대한 정보, 현금청산자의 비율, 조합정관에 따른 근린생활이나 과소필지 소유자의 입주권 가능 여부, 외부 투자자들의 승계비율 등의 고급 정보를 알 수 있습니다. 만약 관리처분계획인가 이후라면 이주비 대출 등에 대한 조합의 향후 계획도 자세하게 들을 수 있습니다.

그런데 이런 고급 정보는 그냥 알 수 있을까요? 조합사무실에 방문하기 전 준비물이 있습니다. 바로 음료 한 박스입니다. 빈손으로 가기보다는 시간을 내 준 고마움의 표시로 음료를 준비해 가면 고급 정보를 보다 쉽게 얻을 수 있습니다.

손품활동이 중요한 이유

📍 재개발 지역 입지 파악

우선 임장활동 전 손품활동을 통해 많은 정보를 수집하는 것이 매우 유용합니다.

먼저 알아볼 것은 역세권입니다. 특히 서울에서 역세권의 가치는 가장 우선순위로 꼽히기에 역과의 거리를 가장 먼저 체크해야 합니다. 보통 300~500m 이내면 성인 걸음으로 5~10분 이내이기 때문에 역세권이라고 할 수 있습니다. 만약 도보로는 지하철역과 거리가 있다면 버스노선과 배차시간을 확인하는 게 좋습니다.

그리고 주변에 모텔촌, 술집, 공장 등의 유해시설 유무에 따라서도 향후 아파트 시세에 영향을 줄 수 있기 때문에 로드뷰를 통해 유해시설 등을 확인할 수 있습니다.

또한 초품아(초등학교를 품은 아파트)의 경우 학부모들의 선호도가 높기 때문에 주변 초등학교, 중학교, 고등학교의 거리를 지도상에서 체크하는 것도 중요합니다.

해당 재개발 구역 인근에 있는 신축 대장아파트의 시세와 커뮤니티 및 조경 등을 미리 확인하고 현장을 방문하면 향후 미래 시세 예측에도 도움이 됩니다.

재개발 지역 구성 파악

해당 재개발 구역의 세부적인 내용 파악 또한 중요합니다. 전체 세대 수 중 조합원과 일반분양 그리고 임대분양의 비율, 비례율을 토대로 대략적인 사업성을 확인할 수 있습니다. 현재 재개발 사업의 진행 단계를 확인해서 향후 입주까지 대략적인 기간도 예측이 가능합니다. 사업시행인가 이후라면 선정된 시공사에서 어떠한 제안을 했는지, 조합원들이 받을 수 있는 무상제공품 등도 확인할 수 있습니다.

시세 파악

최근에는 블로그를 운영하는 현지 부동산들이 많습니다. 덕분에 블로그를 통해 시세와 매물 수급 등의 정보를 파악할 수 있습니다. 그리고 해당 부동산이 매물을 얼마나 보유하고 있는지도 사전에 알 수 있습니다.

또한 재개발 구역별로 단톡방을 운영하는 곳도 많습니다. 조합원방은 별도의 인증을 통해 입장이 가능하지만 일반 투자자들을 위한 단톡방은 해당 조합원이 아니더라도 관련 정보와 생생한 현장 소식을 알 수 있기 때문에 먼저 매수한 조합원들에게 세부 정보를 얻은 후 현장을 방문하면 큰 도움이 됩니다.

발품활동은 현장을 이해하는 Key

재개발 구역을 직접 방문해 보자

현장을 방문했을 때 가장 먼저 확인해야 할 사항은 주거 형태별 비율입니다. 쉽게 말해서 단독주택이나 다가구주택 그리고 다세대주택이 얼마나 있는지 입니다. 아무래도 다세대인 빌라의 비율이 높은 곳은 사업진행에 걸림돌이 없습니다. 반면 단독주택이나 다가구주택의 비율이 높을수록 현금청산자로 남거나 재개발 사업을 반대하는 세력도 많다는 뜻입니다.

그럼 만약 상가가 밀집돼 있거나 구역 내 시장이 존재한다면 어떨까요? 저라면 바로 뒤돌아서 갈 것 같습니다. 왜냐하면 특히 상가나 시장 상인들은 장사 권리금이라는 특수한 보증금의 가치를 중요하게 생각하기 때문입니다. 일명 사업 프리미엄인데 조합에서는 이런 프리미엄을 인정해 주지 않습니다. 만약 내가 치킨 집을 오픈할 때 권리금을 5,000만 원 내고 들어왔다면 나갈 때 5,000만 원 또는 그 이상의 권리금을 받기를 원하지만 재개발 이주로 인해 나가야 한다면 권리금은 그냥 사라집니다. 시장도 마찬가지로 노점상을 하는 상인들도 권리금을 주장하기 때문에 협상하기란 쉽지 않습니다. 그렇기 때문에 일반적으로 상가 비율이 높거나 시장이 존재하면 사업진행이 늦어질 가능성이 높다고 생각하면 됩니다.

부동산 방문 Tip

매물 확인을 위해 부동산을 방문할 경우, 아파트 내 상가에 있는 부동산은 피하는 것이 좋습니다. 아무래도 재개발 경험이 적을 가능성이 있기 때문에 원주민 부동산이나 블로그를 운영하는 부동산을 방문해서 매물을 체크합니다. 특히 블로그를 운영하는 부동산은 매매 거래가 잘 되기 때문에 정확한 시세 파악이 가능하고 매물 수급도 잘 알수 있습니다.

개인적으로 원주민 부동산을 추천하는 이유는 한동네에서 오랫동안 중개업을 하면 원주민 조합원들의 매물이 많을 가능성이 높기 때문입니다. 그밖에 때로는 시세보다 낮은 급매나 특이한 매물이 있는 경우가 많기 때문에 원주민 부동산에 꼭 방문해 보길 추천합니다.

하지만 워낙 많은 투자자들이 방문하기 때문에 좋은 매물을 찾지 못할 가능성도 있습니다. 그래서 다른 투자자보다 강한 매수 의지를 보여 주는 것도 필요합니다.

예를 들어 "매물 나오면 바로 계좌 주세요"라는 구체적인 어필을 하면 좋습니다. 그리고 앞에서도 언급했듯 빈손이 아닌 음료수라도 사서 드리면 고객 리스트 옆에 별표가 붙을 수도 있겠죠.

주변 상권 파악

왜 주변 상권을 파악해야 할까요? 최근 재개발 구역의 아파트는 상가를 많이 만드는 추세입니다. 물론 입지가 좋고 교통이 편리한 곳이라면 상가를 많이 만들어도 큰 문제는 없습니다. 그런데 만약 구릉지 위에 있는 단지라면 상가가 잘 분양이 될까요? 절대 아니겠죠. 조합에서는 직접 분양하지 않고 분양 업체를 통해 통매각을 하더라도 향후 입점이 잘 안 될 가능성이 높습니다.

가락시영아파트를 재건축한 헬리오시티의 총세대수는 약 9,500세대입니다. 입주한 지 시간이 꽤 지났음에도 불구하고 헬리오시티의 상가는 절반 정도 비어 있습니다. 이는 여러 가지 이유가 있겠지만 공실의 가장 큰 원인은 주변 상권과 겹치고 상가수를 너무 많이 만들었기 때문입니다.

반면에 고덕주공2단지를 재건축한 고덕그라시움의 총세대수는 약 5,000세대입니다. 상일동역 바로 앞에 위치했는데 주변 메인상권은

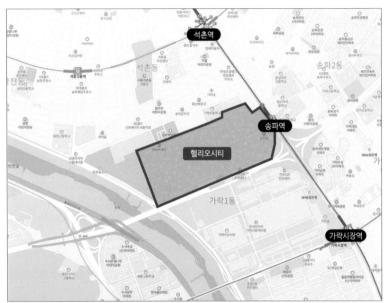

헬리오시티 상가

상일동역이 아니라 이마트가 있는 고덕역 사거리입니다. 상일동역에서도 도보로 15분 이상 걸리기 때문에 그동안 상일동역의 상권은 고립돼 있었습니다. 하지만 그라시움을 비롯해 아르테온이 입주한 뒤

고덕그라시움 상가

새로운 대단지가 만들어지면서 상권 수요가 폭발적으로 생겨 빈 상가
를 보기 어려울 정도로 입점 속도가 매우 빠르게 진행됐습니다.

이처럼 대규모 상가의 공실 여부는 조합원들에게도 큰 영향을 줄 수 있기 때문에 세밀한 체크가 필요합니다. 입주를 완료하더라도 상가가 공실일 경우 조합해산 시까지 비례율이 변동되기 때문입니다.

임장활동은 음(陰)에서 양(陽)을 상상하는 것

2014년에 개봉한 영화 〈월터의 상상은 현실이 된다〉를 개인적으로 재미있게 봤습니다. 영화의 내용을 요약하자면 본인이 가 보고 싶은 곳, 해 보고 싶은 일 등을 상상하면 현실로 이루어진다는 이야기입니다. 저는 임장 시에도 이러한 특별한 상상력이 필요하다고 생각합니다. 어떤 상상력이 필요할까요?

임장활동은 현장에 있는 것 또는 보이는 것만 보는 게 아닙니다. 먼저 다음 사진을 함께 보겠습니다.

무허가주택(위)
공용화장실(아래)

　어떤 생각이 드나요? 집 안에 화장실이 없어 공용화장실을 사용해
야 하는 거주 환경이 좋지 않은 무허가주택입니다. 이런 건물을 보면
대다수가 부정적인 평가를 합니다.

'아이고 저런 곳에 어떻게 사람이 살지? 집 안 내부는 좁고, 불결하고, 냄새도 날 것 같아. 나는 절대 못살겠다.'라는 생각을 하게 되죠. 하지만 여기서 생각을 멈추면 안 됩니다. 재개발 구역 안에 있는 건물이라면 여기는 언젠가 철거될 것이고, 멋진 신축 아파트 단지로 변모할 거라는 생각을 해야 합니다.

이렇듯 임장활동은 음(陰)에서 양(陽)을 상상하는 것입니다. 비록 지금은 허름한 주택이지만 시간이 지나면 이런 매물이 나에게는 멋진 아파트가 되어 돌아오고, 큰 수익을 안겨 줄 것이라고 상상할 수 있어야 합니다. 이 정도의 상상력을 갖추면 여러분은 이미 임장 고수가 된 것이나 다름없습니다.

어떠한 상상력이 필요한지 계속 사진을 보면서 설명하겠습니다. 다음 사진 속 동네를 보면 좁은 도로에 주차하기도 힘들고, 상당한 비탈길이어서 눈이 오면 오르내리기도 힘듭니다. 게다가 길이 오래됐고, 거리가 정리돼 있지 않으며, 인근에는 공원도 없는 기반시설이 그리 좋지 않은 주거환경을 볼 수 있습니다.

그렇지만 주거환경이 좋지 않은 만큼 오랫동안 주민들이 재개발 사업진행을 염원해 추진위원회를 구성하고, 동의서를 걷어 조합을 설립했습니다. 비록 부동산 경기 하락과 외부 영향으로 인해 사업진행이 예상보다 늦어지긴 했지만 이곳은 10여 년의 시간이 흘러 관리처분계획인가를 받고 결국 무사히 이주 철거를 했습니다.

염리3구역 이전 모습과 철거 현장

　이후 모델하우스가 들어서고 아현뉴타운 내에 있는 타 아파트 못지
않은 고급스러운 내·외 마감재와 편의시설을 갖춰 예상보다 높은 청
약 경쟁률로 성공리에 일반분양을 마쳤습니다.

　이곳은 바로 3년 정도의 공사기간을 거쳐 2021년 3월부터 입주한 마포 염리3구역 마포 프레스티지자이(Mapo Prestige Xii)입니다. 단지 명을 정하는데도 조합과 조합원 간 많은 다툼이 있었습니다. 우여곡 절 끝에 조합원이 원하는 단지명이 정해졌고, 일반분양 추가 수입금 을 단지 고급화 비용으로 사용해 강남권 이외에서 아크로리버하임에 이어 20억 원의 실거래가가 나온 단지로 변모했습니다. 강북권에서 $84m^2$ 20억 원이라는 실거래가는 몇 년 전만 해도 상상할 수 없는 금 액이었습니다. 그런데 산동네였던 이곳이 20억 원의 고급 아파트 단 지로 변하다니 바로 이런 걸 상전벽해(桑田碧海)라고 해야겠죠. 물론 이런 결과가 나오기까지의 과정은 그리 순탄치 않았습니다.

염리3구역, 마포 프레스티지자이 완공 모습

이처럼 임장활동은 아무것도 없는 동네가 멋진 아파트촌으로 바뀔 수 있다는 상상력이 필요합니다. 한 번의 상상력으로 미래의 모습을 예측하는 것은 그리 쉽지 않습니다.

그렇지만 여러 재개발 구역을 다녀 보면서 주변의 변화되는 모습을 꾸준하게 보고 느끼면 조금씩 미래의 모습이 자신의 머릿속에서 그려지는 순간이 오게 됩니다. 이런 일련의 과정들이 여러분을 성장하게 만듭니다.

낡은 빌라가 명품아파트로 보이는 착시현상

임장을 다니다 보면 정말 오래된 집들을 많이 보게 됩니다. 그때마다 저는 오히려 반갑게 느껴지곤 합니다. 이런 낡은 집들이 많아지면 재개발이 될 조건(노후도)에 부합되고, 주민들의 의지만 충분하다면 향후 시간이 소요되더라도 멋진 아파트 단지로 바뀔 거라는 걸 상상할 수 있습니다. 그래서 가끔은 이런 빌라나 집들 뒤로 반짝이는 후광이 보이고, 그 너머로는 멋진 신축 아파트 단지가 그려지기도 합니다. 이런 이야기를 주변 사람들에게 하면 미친 사람 취급을 하기도 합니다. 하지만 앞에서 언급했듯이 여러분도 이러한 상상력의 날개를 펼쳐야 합니다. 즉, 남들이 이런 비호감인 매물을 기피할 때 반대로 과감하게 매수해 기다린다면 시간이 흘러 재개발이 돼 큰

재개발 지역에서 흔히 볼 수 있는 무허가주택들

수익으로 돌아온다는 사실을 잊어서는 안 됩니다.

물론 투자를 할 때는 재개발 구역으로 지정이 됐거나 예정 지역으로 해야겠죠. 만약 아직 재개발 정비사업 계획도 없는 곳에 투자하면 정말 오랫동안 투자금이 묶일 수 있다는 점을 유의하고 투자 플랜을 세워야 합니다.

　저는 2020년 12월 연말에 휴가를 내서 부산에 있는 영도를 다녀왔습니다. 영도는 좁은 골목길이라 주차하기도 힘들고 오래된 건물들이 즐비한 산동네입니다. 6.25전쟁 이후 피난민들이 모여 생긴 동네라 산비탈 밑에 무허가주택들도 많습니다. 오랫동안 개발되지 않은 노후주택들이 많다 보니 주거환경과 입지 그리고 교통도 썩 좋지 않아 부산에 살고 있는 지역민들은 영도를 그리 좋아하지 않습니다. 오죽했으면 '한 번 영도에 들어오면 삼신 할매 때문에 나가지 못하는 동네'라는 이야기가 있을 정도니까요.

　영화 〈변호인〉의 배경지도 바로 이곳 영도 흰여울마을입니다. 최근

부산 영도 흰여울마을 골목길

부산 영도 아래에서 바라본 봉래산

에는 영도에 아기자기한 카페들이 많이 생겨 많은 관광객들이 방문하는 핫플레이스가 됐습니다.

현지인들이 투자처로 선호하지 않는 이 영도를 저는 개인적으로 높이 평가하고 있습니다.

영도 아래쪽에서 바라본 모습은 그리스 산토리니 못지않은 풍광을 뽐내고 있습니다. 이런 산동네가 재개발 돼 4,000여 세대의 대단지 아파트로 들어선다면 단지 앞으로는 드넓은 멋진 바다가 한눈에 보이고, 뒤로는 봉래산이 있어 환경면에서는 더 이상의 비교는 불가할 것으로 예상합니다.

부산 하면 가장 먼저 떠오르는 곳이 바로 해운대와 광안리이지만 향후 10년 이내에 북항이 개발되고, 주변 환경이 드라마틱하게 바뀌게 되면 영도의 가치 또한 재평가될 것이라고 개인적으로 예상하고 있습니다.

아래 사진에서 보듯이 경사가 심한 산동네를 임장하다 보면 걷기도 힘들 정도로 다리가 아프고 한숨이 절로 나오기도 합니다. 계단도 높아 한참 올라가다 아래를 내려다보면 아찔할 때도 있습니다. 이렇게 경사진 산동네가 어떻게 멋진 아파트로 변모할까 의심이 들겠지만 최근 유사한 지형의 재개발 아파트를 가 보면 충분히 가능하다는 것을 알 수 있습니다. 절토를 해서 단차를 없애고, 계단과 엘리베이터를 설치해 거주민들의 통행을 쉽게 만들어 놓았습니다.

경사가 심한 동네도 얼마든지 멋지게 변모할 수 있다

앞으로는 이렇게 경사가 심한 지역을 보면 '이런 곳이 어떻게 변하겠어?'라고 부정적으로 보기보다는 향후 단차를 완화시킨 케스캐이드(계단식 폭포)가 흐르는 멋진 아파트 단지의 모습을 상상해 보면 좋겠습니다.

동네 폄하는 한 귀로 듣고 한 귀로 흘려보내자

임장을 다니다 보면 여러 군데의 부동산을 방문하게 됩니다. 재개발 구역의 진행 정도나 매물 수급 상황을 문의하곤 하는데요. 재미있는 점은 한자리에서 오랫동안 부동산을 운영한 중개사들 대부분은 본인 지역을 폄하한다는 사실입니다.

"여기는 재개발 안 돼요."

심지어 재개발 사업이 한창 진행 중인 곳인데도 말이죠.

"10년 이상 재개발이 지연돼서 앞으로도 진행 여부가 불투명합니다. 여기 사지 말고 다른 곳 알아보세요."

이렇게 오히려 저에게 훈계하는 사람도 있었습니다.

실제 2019년 1월 홍은13구역 임장을 다니며 매물을 찾고 있었는데 6군데 부동산 중 5곳의 부동산 중개사가 저에게 비슷한 이야기를 했습니다. 그때는 이미 관리처분계획인가가 나서 이주를 준비하고 있는 단계였는데도 말이죠. 제가 오히려 당황해서 깜짝 놀랐던 기억이 납니다. 그러던 중 마지막 한군데 부동산 중개사는 은평구에서 재개발을 경험하고 여기로 이전해 중개업을 해서인지 다르게 말씀하셨고, 결국 그곳에서 계약을 하게 됐습니다.

2019년 가을, 지인의 소개로 남양주 덕소뉴타운을 방문했습니다. 경의선 덕소역과 도심역 가까이에 뉴타운으로 지정돼 있었지만 사업진행이 지지부진해 10여 년 동안 시간이 멈춘 것처럼 시세 또한 정체된 곳이었습니다.

특히 덕소2구역을 돌아봤을 때 덕소역에서 도보로 5~7분 정도의 거리임에도 구역 내에 상가가 단 한 개도 없고, 90% 이상이 다세대인 빌라로 구성돼 있으며, 종교시설 '대도사'라는 절이 하나 있는데 주지 스님이 건강상의 이유로 현금청산을 원하는 곳이었습니다.

'우와, 이런 곳이 다 있을까?'라는 소리가 절로 나왔습니다. 그 당시는 덕소가 조정지역으로 묶여 있었으나 행정구역상 남양주시 와부읍 덕소리이기 때문에 읍면 단위는 공시지가 3억 원 이하일 경우 일반과세를 받을 수 있는 혜택이 있었습니다. 게다가 사업시행인가 이후 관리처분계획인가를 앞두고 있음에도 프리미엄이 2,000~3,000만 원 정도라 초기투자금이 1억 원이 안 되는 비용으로 투자가 가능한 곳이었습니다.

일명 '남양주 흙 속에 진주 덕소뉴타운'이라는 개인적인 생각에 주변 지인들에게 추천하고, 제가 활동하는 네이버의 한 카페에 관련 정보를 게시했는데 정말 많은 댓글들이 달렸습니다. 댓글 중에는 덕소에서 오랫동안 살고 있는 거주민 또는 덕소에 투자했다가 큰 재미를 못 본 사람들의 부정적인 의견들이 많았습니다.

'먼저 투자한 선배로서 도시락 싸들고 말리고 싶다.'

'수년째 표류하고 있는 암담한 지역이다.'

'미사, 다산 때문에 피해를 보고 있으니 투자하면 절대 안 된다.'

물론 과거의 시세 그리고 본인의 경험을 토대로 그렇게 말했으리라 생각합니다. 저 또한 개인적인 의견과 예측을 이야기했으니까요. 그런 와중에 저렴한 투자금으로 덕소2구역, 덕소3구역, 도곡2구역 등으로 진입이 가능하다는 소문이 돌아 정말 많은 투자자들이 모여들었습니다. 하물며 같은 해 11월 조정지역까지 해제돼 기름에 휘발유를 부은 것처럼 정말 핫한 투자지역이 된 것이죠.

결과는 어떻게 됐을까요? 1년 만에 1억 원 이상 시세가 오르고 주변 구축까지 시세가 상승하며 덕소 지역의 부동산이 한 단계 올라서는 계기가 됐습니다.

또한 고덕비즈밸리의 배후지역인 고덕, 상일동, 하남미사지구가 향후 큰 혜택을 보겠지만 그에 못지않게 팔당대교를 건너 다산, 구리,

그리고 덕소 지역에도 큰 영향이 있을 것으로 예상하고 있습니다.

재미있는 사실은 덕소에서 부동산을 하는 중개사들이 자신들이 보유한 재개발 물건을 거의 매도했다는 후문입니다. 나중에 왜 매도했는지 물어보니 10여 년 동안 거래가 안 되다가 갑자기 거래가 되길래 홀라당 매도했다고 하네요. 매도할 때 매수자에게 '왜 이런 곳을 살까?'라고 혼잣말하다가 나중에서야 이렇게 시세가 올라갈지 전혀 몰랐다고 씁쓸하게 웃으시더군요.

등잔 밑이 어두운 법입니다. 오랫동안 한 곳에 거주한 원주민들조차도 자신의 동네의 가치를 잘 모르고 폄하하는 경우가 많으니 말입니다.

부동산 중개사가 숨겨 놓은 좋은 매물 찾는 방법

좋은 매물은 어디서 찾을 수 있을까요? 당연히 부동산을 통해서 찾을 수 있습니다. 특히 누구나 좋아하는 중대형평형을 신청한 알짜 매물이나 시세보다 저렴한 급매물이라면 더욱더 경쟁이 심하겠죠.

그럼 부동산 중개사는 이런 좋은 매물을 처음 보는 아무나에게 소개해 줄까요? 절대 아니겠죠? 부동산에서는 일반적으로 친분이 있는 투자자에게 먼저 매물 정보를 알려 줍니다. 이는 부동산 중개사들과 긴밀한 관계를 유지해야 이런 특급 매물을 접할 수 있다는 의미이기도 합니다.

일 년 전 밤늦게 경기도 A뉴타운에 친분이 있는 부동산 중개사가 시세보다 상당히 저렴한 매물이라며 2건을 문자로 보내왔습니다. 그 시간에 저는 자고 있었기에 다음 날 아침에 일어나는 대로 확인하고 바로 계좌를 요청했습니다. 이것은 정말 시세보다 몇 천만 원 저렴하고, 조합원들이 얼마 신청하지 않은 $84\,m^2$ 타입의 알짜 매물이었습니다. 덕분에 전 아침 일찍 시세보다 3,000만 원 이상 저렴한 가격으로 $84\,m^2$ 입주권을 매수할 수 있었습니다.

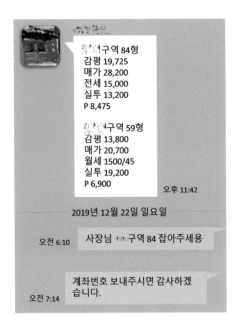

그럼 어떻게 하면 부동산 중개사와 긴밀한 관계를 유지할 수 있을

까요? 물론 한 곳의 부동산에서 여러 건의 거래를 하면 신뢰를 얻을 수 있습니다. 하지만 여러 건을 거래한다는 것은 그리 쉬운 일이 아닙니다. 그보다 쉬운 방법은 부동산 중개사와 여러 번 얼굴을 보는 것입니다.

부동산 중개사와 좋은 관계를 유지하는 법
부동산 수수료 깎지 말기
강한 매수 의지 표현하기
주변인을 활용한 다수 거래 실현
필요 시 인센티브 제공
지속적인 연락 필요
빈손으로 가지 말기

　직장인이라 부동산에 자주 방문하기 어렵다면 지속적으로 연락하는 것도 좋은 방법입니다. 굳이 매매 목적이 아니라도 안부전화 겸 시세 현황이나 수급 상황 등도 문의할 수 있습니다. 이렇게 지속적으로 연락하고, 가끔 시간을 내서 간식이나 음료를 들고 방문한다면 어느 정도의 관계 구축이 가능합니다. 그러면 운이 좋게도 저런 특급 매물이 나왔을 때 여러분에게 먼저 연락이 올 수 있습니다.

임장 중 만나는 특급 보물

임장을 다니다 보면 때로는 운이 좋게도 희귀한 매물을 접하는 기회가 생깁니다. 결국 좋은 매물은 현장에 있기 때문이죠. 물론 희귀한 매물을 분별할 수 있는 능력을 갖추고 있다는 전제에서 말입니다. 그런데 희귀 매물은 누구나 쉽게 분별할 수 있는 단순한 매물이 아니라는 뜻도 내포합니다. 약간은 복잡하고 법적인 이해가 필요하며 때로는 리스크도 존재하는 매물입니다. 당연히 시세보다 저렴하니 향후에는 큰 수익을 기대할 수 있습니다.

서울시는 도시 및 환경정비법(도정법)에 따라 $30\,m^2$ 미만의 과소필지를 소유한 조합원은 현금청산자로 분류됩니다. 각 지자체별로 조례가 다르지만 경기도는 면적에 대한 규정이 없습니다. 즉, 작은 면적의 토지를 소유한 조합원이라도 재개발 조합의 정관에 입주권 제한에 대한 조건이 없다면 입주권이 부여된다는 이야기입니다. 단 1평이라도 분할된 토지를 소유하면 조합원분양을 신청할 수 있으며 조합정관에 대한 이의가 없을 경우 관리처분계획인가 이후 확실하게 조합원 지위를 확정짓게 됩니다.

[경기도 도시 및 환경정비법 조례]

항목		면적	주택유무	분양자격	비고
토지만 소유	토지(나대지)	규정 없음		O	조례시행일 이전 분리한 것
토지/건물(토지,건물의 분리)		규정 없음		O	조례시행일 이전 분리한 것
단독주택(다가구주택) 다세대주택으로 전환		지분 쪼개기 제한 조례시행일 이전 다가구에서 다세대로 지분 또는 구분 소유 등기한 경우만 인정			

경기도 B재개발 구역에서 임장을 하고 있을 때 약 200만 원 정도의 감정평가를 받은 $1.3\,m^2$ 토지 매물을 접한 적이 있습니다. 처음에 부동산 중개사가 특이한 물건이 있다고 말씀해 주시길래 그때는 시간이 없어 대충 듣고 흘렸는데 집에 온 후 너무 궁금해서 다시 연락을 드렸습니다.

'네? $1.3\,m^2$ 나대지라고요?' 예상보다 매물이 특이했습니다. 그런 매물이 가능할까 싶어 주말을 이용해 다시 방문했습니다. 감정평가통지서에 진짜로 $1.3\,m^2$라고 적혀 있었습니다. 15년 동안의 재개발 투자 사례를 돌아봐도 전혀 경험에 없는 신기한 케이스였습니다. 얼마나 작은 토지인지 이해하기 쉽게 평수로 환산해 보면 약 0.4평입니다. 4인용 식탁 정도를 놓을 수 있는 공간이죠. 그럼 어떻게 이런 토지가 존재했을까요? 이유를 들어보니 매도자도 기존 집을 매도할 때 이 작은 지분의 토지가 다른 필지로 분리돼 남아 있었다는 사실을 모르고 있다가 최근에 조합에서 분양신청을 하라고 연락이 왔다는 겁니다.

게다가 시세보다 1억 원 정도가 저렴하다 보니 의심부터 들었습니다. '다 이유가 있을 거야.'라고 말이죠. 시세가 저렴한 이유는 현재는 조합원분양신청은 가능하나 당장 입주권 확정 상태는 아니고, 이후 관리처분계획인가 고시가 나면 조합원 입주권 지위를 확정 받게 됩니다. 현재에는 정관상 큰 문제는 없지만 조합에서도 100% 확답을 줄

과소필지 특수 도로 매물

수 없는 상태였던 것이죠. 이는 단 1%라도 현금청산자로 분류될 수 있는 매물입니다. 만약 청산된다면 이미 지불한 프리미엄은 다 허공으로 날아가는 셈이죠. '그래서 시세보다 저렴했던 거구나.'라며 어떻게 할까 고민을 수천 번 넘게 하고, 결국 며칠 밤을 고민한 끝에 매도자의 동의를 받아 잔금을 관리처분계획인가 이후로 길게 잡고 진행했습니다. 매도자 입장에서도 현금청산 될 경우 매수자인 제가 받게 되는 손해를 도의적으로 감당하고자 저의 매수 조건을 허락했습니다. 그리고 나서 조합원분양신청에서는 운이 좋게도 중형평형을 확정 받을 수 있었습니다. 이러한 매물은 시세보다 훨씬 낮은 금액과 낮은 초기투자금액으로 계약이 가능하며 향후 큰 수익이 기대되는 정말 특급 보물인 셈입니다. 물론 저는 이 매물의 조합원 지위 가능 여부를 확인하기 위해 경기도 도시재생과, 시청 재개발 관련 부서를 수차례 방문해 정확한 법적 자격조건을 확인하고, 관련 자료를 수차례 분석했습니다. 그리고 저 스스로의 납득과 확신이 있었기에 실행할 수 있었습니다.

이처럼 관심과 열정을 가지고 현장을 다니다 보면 때로는 생각지도 못한 보물을 만날 수 있는 것이 바로 임장입니다. 만약 그 부동산 중개사의 이야기를 흘려들었다면 이런 특급 매물의 행운은 다른 사람의 몫이 됐겠죠.

Chapter
4

재개발 실전
: 입지 선택이
중요하다

왜 입지가 중요한가?

입지가 좋은 곳은 어디일까요? 지하철 역세권 또는 교통이 편리하고 백화점이나 대형 할인마트 등의 편의시설이 주변에 있는 곳입니다. 거기에 도보로 통학이 가능하고, 학원가가 발달돼 있으며 유해시설이 없고, 더불어 산이나 강 또는 공원 등이 가까이 있으면 완벽한 입지라고 할 수 있습니다.

콕 집어서 '그래서 어디?'라고 질문한다면 대부분 강남이라고 대답할 것입니다. 그렇지만 강남은 기반시설이 잘 돼 있기 때문에 상대적으로 기반시설이 열악해 개발이 필요한 강북권을 살펴봐야겠네요.

강남처럼 완벽한 입지는 아니지만 최근 마포, 용산, 성동, 광진구에서도 재개발이 완료돼 입주한 신축 아파트 단지 중 좋은 입지를 갖춘 곳이 있습니다. 대부분 자신이 사는 아파트가 가장 좋다고 이야기하겠지만 여러 가지 조건을 따져서 그중 두 곳을 예로 들어 보겠습니다.

첫 번째로 소개할 곳은 신수동 신촌숲아이파크입니다.

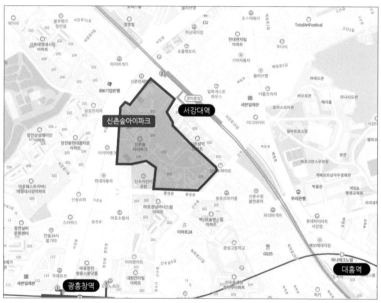

신촌숲아이파크

마포구에서 드물게 평지에 있으며 신수1구역을 재개발이 아닌 재건축으로 진행한 곳입니다. 2016년 분양 당시 일반분양가는 $59\,m^2$가 5억 8,000~6억 6,000만 원, $84\,m^2$가 7억 1,000~8억 1,000만 원이었습니다. 2호선 신촌역과 6호선 광흥창역 사이에 위치했으며 경의선 서강대역이 바로 앞에 있어 트리플역세권입니다. 신촌역에는 현대백화점과 최근에 입점한 이마트가 있습니다. 명문대 근처에 산다고 해서 쉽게 들어갈 수 있는 건 아니지만 가까이에 연세대, 서강대, 이화여대가 있습니다. 단, 초등학교가 약간 멀다는 단점이 있지만 2021년 6월 기준 거래되는 시세는 16~20억 원 사이로 일반분양가 대비 10억 원 이상 상승했습니다.

두 번째로 소개할 곳은 대흥동 신촌그랑자이입니다. 2호선 이대역 바로 앞에 있는 초역세권 지역이며 대흥2구역을 재개발로 진행

신촌그랑자이

한 단지입니다. 신촌숲아이파크와 비슷한 시기에 일반분양을 했으며 2016년 당시 일반분양가는 59m^2는 5억 6,000~6억 6,000만 원, 84m^2는 7억 2,000~8억 2,000만 원이었습니다. 신촌역까지 도보로 이동이 가능해 현대백화점과 이마트를 가까이에서 이용할 수 있고, 신촌숲아이파크와 마찬가지로 가까이에 연세대, 이화여대, 서강대가 있습니다. 그리고 신촌세브란스병원이 아주 가까이에 있습니다. 단지 뒤로는 높지는 않지만 노고산이 있어 가벼운 산책도 가능합니다. 강북권에서 대장격인 마포래미안푸르지오를 잇는 3총사(신촌숲아이파크, 신촌그랑자이, 마포프레스티지자이) 아파트 단지 중 하나로 꼽힐 정도로 선호하는 수요가 많습니다. 2021년 6월 기준 거래되는 시세는 16~20억 원 사이입니다.

강북권에서 두 곳을 대표로 이야기했지만 이외에도 입지가 좋은 곳이 많습니다. 여기서 제가 이야기하고자 하는 핵심은 주변 입지가 우수하면 향후 재개발이 완료돼 입주했을 때 높은 시세 상승을 예상할 수 있다는 점입니다. 뛰어난 입지는 결국 시세 상승과 연결된다는 것이죠.

그러면 사업성이 좋은 재개발 구역만 선택해야 할까요? 재개발 투자 시 일반적으로 사업성을 가장 중요시합니다. 사업성이 좋아야 조합원들에게 많은 혜택이 돌아가고, 그로 인한 추가 부담금도 줄어든다고 생각하기 때문입니다.

단독주택 가구가 많은 재개발 구역(위)
다세대 빌라로만 이루어진 재개발 구역(아래)

그럼 무조건 사업성이 좋은 곳을 선택해야 할까요? 일반적으로는 Yes, 때에 따라서는 No입니다. 사업성이란 양면성이 존재하기 때문에 정확하고 세밀한 분석이 필요합니다. 사업성이 좋다는 것은 일반적으로 일반분양 물량이 많다는 의미입니다. 반면 일반분양 물량이 많다는 사실은 재개발 진행이 어려워질 수도 있다는 뜻입니다.

일반분양 물량이 많다 = 조합원 물량이 적다
조합원 물량이 적다 = 단독주택 or 다가구주택 소유자가 많다
단독주택 or 다가구주택 소유자 많다 = 시세 대비 감정평가가 낮다
낮은 감정평가 = 현금청산자 or 재개발 반대 세력이 많다
재개발 반대가 많다 = 재개발 진행이 어렵다

또 하나 다른 예를 들어 보겠습니다. A구역과 B구역은 일반분양 물량이 각 245세대, 560세대입니다. 일반분양 물량만 보면 압도적으로 B구역이 사업성면에서 우수하다고 판단할 수 있습니다. 다만 입지면에서 A구역이 B구역보다 우수해 84㎡ 일반분양가를 각 10억 원과 5억 원으로 책정해 분양했다면 결과가 어떻게 바뀔까요? 공사비는 84㎡ 기준 2억 원씩을 제외한 순수입이 A구역은 1,960억 원, B구역은 1,680억 원입니다. 순수익면에서는 일반분양 물량이 적은 A구역이 우수합니다.

결국 A구역이 일반분양수가 작지만 입지가 좋아 일반분양가를 높게 책정할 수 있어서 순수익이 좋습니다. 그렇기 때문에 사업성이 더 좋다고 판단할 수 있습니다.

구역	A구역	B구역
전체세대수	1500세대	1400세대
조합원분양	1000세대	600세대
임대분양	255세대	240세대
일반분양	245세대	560세대
84㎡	A구역	B구역
일분가	10억 원	5억 원
총수입	2,450억 원	2,800억 원
공사비	490억 원	1,120억 원
순수입	1,960억 원	1,680억 원

　이처럼 일반분양수가 작더라도 입지가 뛰어나 일반분양가를 높게 책정할 수 있고, 충분히 완판할 수 있다면 이를 사업성이 더 좋다고 판단할 수 있습니다. 쉽게 이야기하면 강남 도곡동에 있는 래미안 아파트와 인천 부평동에 있는 래미안 아파트의 일반분양가가 몇 배 차이 나는 것을 보면 쉽게 이해할 수 있습니다. 좋은 입지는 곧 뛰어난 사업성으로 이어진다는 것이죠.

입지 선택 시 고려사항 5가지

입지를 선택할 때 고려해야 할 사항이 여러 가지가 있지만 저는 5가지를 강조합니다. 아래 5가지 항목을 고려해서 투자하면 적어도 큰 실패는 없으리라고 생각합니다. 그러면 각 항목별 어떠한 내용을 확인해야 하는지 살펴보겠습니다.

① 교통
② 주변 환경
③ 학군
④ 주변 시세
⑤ 부자들의 투자

① 교통

직주 근접: 직장과 주거지는 가까울수록 좋다

서울의 도시기본계획 중 3대 비즈니스 지역인 광화문, 여의도, 강남

【 서울도시기본계획 】

출처: 서울시 2030플랜

【 일일승하차 현황 】

출처: 서울시 교통공사

순위	하루 평균 승하차 인원 가장 많은 역		하루 평균 승하차 인원 가장 적은 역	
	역명(노선)	인원 수(명)	역명(노선)	인원 수(명)
1	강남역(2호선)	210,445	신원역(중앙선)	278
2	서울역(1, 4, 경의선)	189,983	원덕역(중앙선)	400
3	잠실역(2, 8호선)	168,531	곡산역(경의선)	551
4	사당역(2, 4호선)	161,143	가좌역(경의선)	802
5	신림역(2호선)	154,083	마곡역(5호선)	985
6	신도림역(1, 2호선)	149,954	아신역(중앙선)	1,091
7	삼성역(2호선)	149,360	양정역(중앙선)	1,378
8	고속터미널역(3, 7호선)	149,124	대곡역(3, 경의선)	1,382
9	선릉역(2, 분당선)	148,731	팔당역(중앙선)	1,415
10	건대입구역(2, 7호선)	132,656	수색역(경의선)	1,480

을 잇는 지하철 라인은 1호선, 2호선, 3호선, 4호선, 5호선, 7호선, 9호선 등이 있습니다. 그중에서 가장 승하차 인원이 많은 라인은 2호선입니다.

실제로 2호선역 주변 주거지는 직장인들의 수요가 많기 때문에 매매 및 전월세의 시세도 강세입니다. 만약 재개발 구역이 2호선 지하철역 근처에 있다면 향후 시세 상승을 예측할 수 있는 좋은 조건이 됩니다.

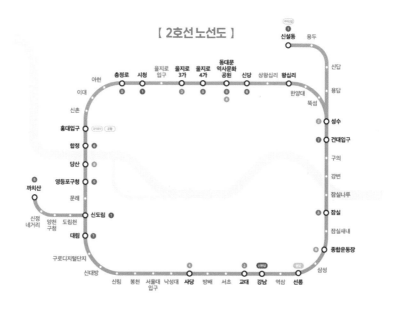

【 2호선 노선도 】

최근 몇 년간 2호선 골드라인을 위협하는 지하철 라인이 생겼습니다. 바로 9호선입니다. 매년 승하차 인원이 폭발적으로 증가하고 있으며 그에 따라 주변 부동산 시세도 급상승했습니다. 특히 9호선 라

인이 생기기 전에는 소외받았던 강서구의 아파트 시세가 다른 지역에
비해 월등하게 상승하며 갭 메우기를 시작했습니다.

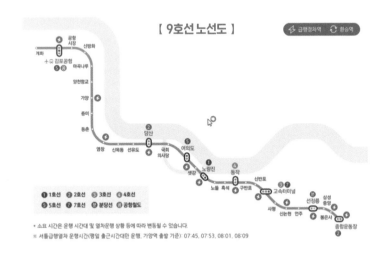

【 9호선 노선도 】

【 9호선 이용 현황 】

(단위: 만 명)

노선명	역명	2015년 연간	2016년 연간	2017년 연간	2018년 연간	2019년 상반기	전년대비 증감율
8호선	송파	1.09	1.07	1.1	1.08	1.7	56.8
9호선	마곡나루	0.38	0.48	0.92	1.46	1.91	31.1
경의선	공덕	0.38	0.42	0.49	0.43	0.56	30.2
경의선	서울역	0.65	0.53	0.57	0.35	0.46	29.7
경부선	광명	0.15	0.16	0.31	0.44	0.54	2.4
9호선 2-3단계	봉은사	1.39	2.33	2.55	2.85	3.39	18.9
공항철도 1호선	영종	0	0.25	0.36	0.43	0.51	18.8
9호선 2-3단계	선정릉	0.82	1.29	1.36	1.41	1.67	18.7
9호선	동작(현충원)	0.37	0.38	0.38	0.37	0.43	18.5
분당선	기흥	1.55	1.55	1.58	1.79	2.1	17.3

㈜승차+하차

출처: 서울시 교통공사

9호선은 김포공항에서 강남을 잇는 라인이지만 역사 주변에는 재개발 구역들이 많이 없습니다. 다만 주목해야 할 곳이 바로 노량진역과 흑석역 주변의 뉴타운 지역입니다.

흑석뉴타운은 이미 절반 이상 개발이 완료돼 강남을 잇는 명품 주거지로 인기가 있습니다. 따라서 최근에 시범 공공재개발지로 선정된 흑석2구역을 비롯해 이미 진행되고 있는 구역들을 관심 있게 보면 좋습니다.

노량진 뉴타운도 이미 여러 구역들이 재개발 사업을 진행하고 있어 향후 시세 상승을 기대할 수 있기 때문에 많은 투자자들의 관심을 받고 있습니다.

또 하나 주의 깊게 봐야 할 교통이 바로 GTX라인입니다. A, B, C라인이 기본 계획에 있으며 최근에는 D라인을 추가로 계획한다는 이야기가 있지만 아직 A, B라인도 완공이 안 된 상황에서 D라인의 정확한 완공 시기를 예측하기란 어렵겠죠.

GTX는 광역교통비전 2030으로 주요 거점을 단 30분대 이내로 이동하는 것을 목표로 하기 때문에 인근 부동산 시세를 자극시키는 촉매제 역할을 하고 있습니다. GTX라인의 구축은 기존의 직주 근접 개념을 확대시킬 수 있습니다. 이는 직장과 거주지가 멀어

수도권 광역급행철도(GTX) 노선도

도 1시간 이내의 통근이 가능하다는 뜻으로, 이로 인해 파주, 송도, 수원, 동탄, 의정부, 평내호평의 부동산 시세가 크게 요동치고 있습니다.

다만 GTX가 완공되면 해당 지역의 상권은 크게 위축될 수 있는 가능성도 있습니다. 일명 '빨대 효과'로 KTX, SRT, 신분당선이 완공됐을 때 해당 지역의 상권 중 특히 의료(대학병원, 성형외과), 미용실, 쇼핑 영역이 크게 위축됐습니다. 이처럼 GTX가 완공되면 역 주변 지역의 상권도 크게 영향을 받을 수 있다는 점을 기억하는 게 좋습니다.

[광역교통 비전 2030]   출처: 국토교통부

㉛ 주변 환경

~세권 = (　　　)+역세권

　　 = (　　　)가 가까이 있는 생활권이라는 의미

한국 사람들은 참 새로운 말을 잘 만드는 것 같습니다.

스세권: 스타벅스+역세권, 스타벅스가 가까이 있는 생활권

학세권: 학교+역세권, 학교가 가까이 있는 생활권

맥세권: 맥도날드+역세권, 맥도날드 배달서비스 이용 가능 지역

슬세권: 슬리퍼와 같은 편한 복장으로 각종 여가·편의시설을 이용할 수 있는 권역을 이름

스세권 = 스타벅스 + 역세권

미국 스타벅스 매장 400m 이내 집값 평균 96% 상승

400M

출처: 대신증권 검색일: 2016.04.26

　이처럼 편의시설이 얼마나 주거지와 가까이 있느냐에 따라 접미사 '~세권'을 붙여 신조어가 만들어지는데 이는 시세와 연결되는 현실성 이 있습니다. 실제로 미국에서도 유명 커피체인 스타벅스가 주거지와 얼마나 가까이 있느냐에 따라 부동산 가격에 차이가 있다는 사실을 보면 이런 편의시설의 유무가 점점 중요한 시대가 됐습니다.

편의시설 : 백화점, 쇼핑몰, 대형마트, 스타벅스, 맥도날드

의료시설 : 대형병원, 준 종합병원, 메디컬센터

유해시설 유무 : 유흥가, 모텔, 공장 등

주변 환경 : 호수, 산, 공원, 강, 바다 인근

그러면 이런 조건에 부합되는 재개발 구역을 추천해 보겠습니다.

우선 유해시설이 거의 없는 지역으로는 광명뉴타운을 꼽을 수 있습니다. 7호선을 통해 서울과의 직주 근접도 훌륭하지만 2만5,000세대나 되는 신도시 급의 거대 뉴타운입니다. 절반 정도는 이미 해제된 재개발 구역으로 남아 있지만 16구역 입주를 시작으로 각 구역별로 순조롭게 사업이 진행돼 시세가 오르고 있기 때문에 재개발을 반대해 해제된 구역들도 다른 형태 또는 재개발을 다시 추진할 것으로 예상하고 있습니다. 또한 새로운 지역으로 완전 탈바꿈하는 곳이기 때문에 유해시설이 거의 없습니다. 향후 뉴타운이 완성되는 시점에는 교

광명뉴타운 재개발 구역

육환경도 개선될 것으로 예상되기 때문에 투자 또는 실거주면에서도 우수하다고 생각합니다.

다음으로 주변 환경이 좋은 재개발 구역 중 인근에 공원이 있는 곳을 찾아보겠습니다.

서울 시내 주거지 인근에 큰 공원이 있는 재개발 구역은 많지 않지만 그중 한 곳이 청량리역에서 도보로 12분 거리에 있는 청량리 6, 7 구역입니다. 바로 옆에는 도심에서 흔히 볼 수 없는 상당히 큰 규모의 영휘원과 홍릉근린공원이 있어 주민들의 휴식처가 되고 있습니다. 또

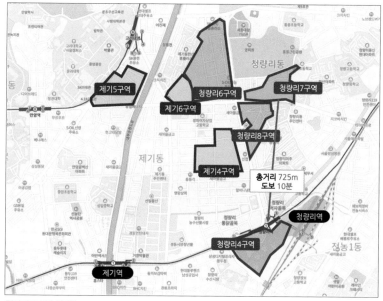

청량리 6구역, 7구역

한 서울시에서 홍릉 주변에 대규모로 바이오산업 클러스트를 추진할 예정이라 향후 완공되면 고급 연구 인력들의 수요가 많을 것으로 예상합니다.

장위뉴타운 또한 인근에 북서울 꿈의 숲이라는 큰 규모의 공원이 있습니다. 예전에는 '드림랜드'라고 불렸죠. 인근에 도보로 갈 수 있는 대규모 공원이 있다는 것은 주거면에서 큰 장점이 됩니다. 장위뉴타운 또한 해제된 구역이 많지만 완공된 구역의 시세 상승으로 인해 가로정비주택이나 재개발 정비사업으로 재추진하고 있어 전체가 완성

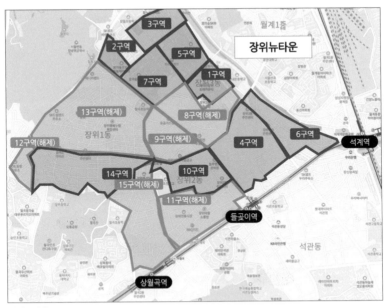

장위뉴타운

되면 서울 시내에서 손꼽히는 미니 신도시 급의 뉴타운이 됩니다.

서울 재개발 중 단연 최고의 구역으로 꼽는 곳은 바로 한남뉴타운입니다. 인근에 미군기지가 평택으로 이전을 진행하고 있으며 향후 토양정화 작업을 통해 각종 공원으로 개발할 예정입니다. 뉴욕의 센트럴파크와 견줄 정도의 도심 내 최대 규모의 공원입니다.

현재 한남3구역은 관리처분계획인가를 앞둔 단계임에도 불구하고 향후 강남 지역과 비슷한 시세 상승이 예상돼 10억 원이 넘는 프리미엄을 유지하고 있습니다. 지금까지는 사업이 부진했으나 시공사 선정

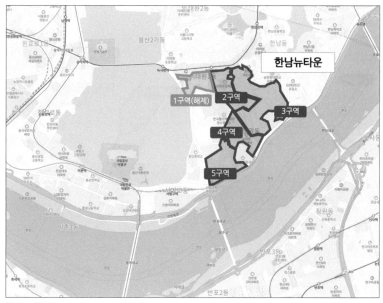

한남뉴타운

으로 순조로운 재개발 사업이 예상됩니다. 한남3구역 이외의 한남뉴
타운 전체가 완성되기까지는 상당한 시간이 소요될 것으로 예상하지
만 완성 시 훌륭한 입지로 서울시의 주요 주거지가 될 것으로 확신합
니다.

다음 추천할 재개발 구역은 서북부에 위치한 홍은13구역입니다.
작년 시공사 변경 이슈로 주목을 끌기도 했습니다. 홍은13구역은 3
호선 홍제역에서 도보권은 아니지만 북한산과 인접했습니다. 예전
86아시안게임과 88서울올림픽 개최를 위해 대규모 공사를 하면서

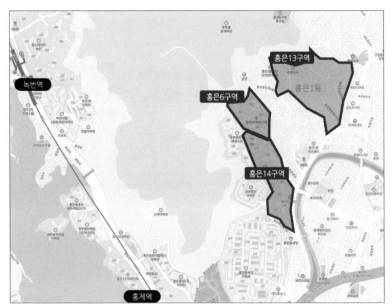

홍은13구역

철거민들의 일부가 유입돼 이주민들이 시유지에 무허가주택을 지어 동네를 만들었습니다. 그래서 북한산 산자락까지 주택들이 상당히 많습니다. 지금은 철거돼 3년 후면 북한산 산자락에 휴양지 같은 신축 아파트가 들어설 예정입니다. 서울 도심과 떨어져 있지만 북한산의 상쾌한 공기를 느낄 수 있고, 둘레길과 바로 연결되는 아파트 단지를 상상해 보면 답은 바로 나오겠죠.

편의시설이 우수한 지역은 단연 강남과 잠실이지만 주변에 재개발 구역이 없습니다. 그런데 최근 대형호텔과 백화점 및 쇼핑몰 등 상업

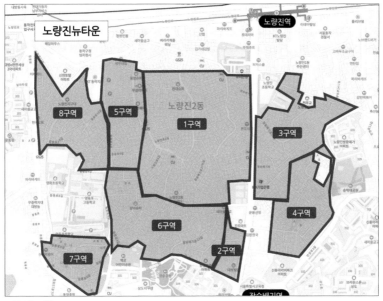

노량진뉴타운

시설이 확충된 여의도와 인접한 노량진뉴타운을 주목하고 있습니다. 고시원 등 학원가가 밀집한 곳으로 알려져 있지만 1호선과 9호선, 7호선을 이용할 수 있어 교통 편의성이 뛰어납니다. 노량진뉴타운은 여의도뿐만 아니라 강남 접근성도 매우 좋은 지역입니다. 인근 흑석뉴타운의 사업이 원만히 진행되고 있어 그에 따른 시세 상승으로 최근에는 각 구역별로 사업진행에 속도를 내고 있습니다. 지금까지는 사업진행이 부진해 완성된 구역은 없지만 앞으로 대기업 건설사들이 각 구열별로 시공사가 정해지면 향후 멋진 뉴타운으로 변모할 예정입니다.

노령인구 증가에 따라 대형종합병원 인근 거주지의 수요가 늘고 있습니다. 이른바 '병세권'으로 병원을 다녀야 하는 병환가족뿐만 아니라 병원에서 근무하는 의료진과 사무직 근로자들도 선호합니다. 특히 평균 연봉이 높은 의료진은 신축 아파트를 선호하는 경향이 크기 때문에 대기 수요는 충분히 있을 것으로 생각합니다. 그러면 어떠한 곳들이 병세권에 속하는지 살펴보겠습니다.

첫 번째 추천 구역은 삼선5구역입니다. 서울대병원과 고려대병원 중간에 위치해 차량으로 10분 이내로 이동이 가능합니다. 실제 삼선5구역 주변 신축 아파트에는 의료진과 사무직군 직원들이 상당히 많이 거주하고 있으며 만족도 또한 높은 편입니다.

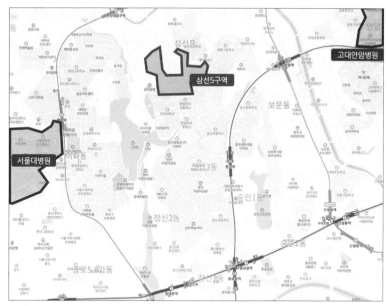

삼선5구역

　두 번째로 추천하는 구역은 북아현 2, 3구역입니다. 이곳은 서울의 3대 종합병원 중 하나인 신촌세브란스병원과 인접해 있으며, 차량으로 10분 정도 거리에 있습니다. 두 구역을 합하면 약 7,000여 세대가 되는 대규모 단지가 예정돼 있습니다. 사업진행은 구역지정부터 상당한 시간이 소요되고 있으나 두 곳 모두 최근에 바뀐 조합장이 사업을 적극적으로 추진하고 있으며, 주변 신축 아파트 완공으로 프리미엄 시세는 9~10억 원 선으로 상당히 높은 편입니다.

　세 번째 추천 구역은 부평4구역입니다. 인천성모병원 바로 옆에 위치하고, 오피스텔을 포함해 약 2,500세대의 대단지로 예정돼 있으며

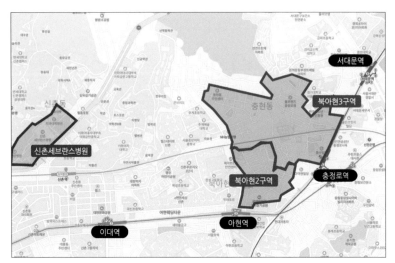

북아현 2구역, 3구역

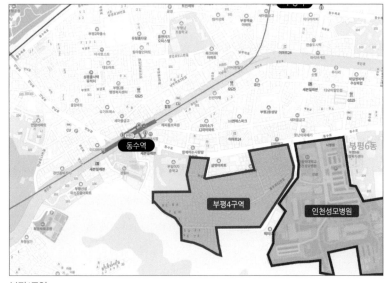

부평4구역

사업진행이 매우 빨라 관리처분계획인가 이후 이주 및 철거를 단 1년 만에 완료해 2024년 입주를 목표로 하고 있습니다. 이 구역은 성모병원 바로 옆이라 도보로 이동이 가능한 진정한 병세권이라고 할 수 있습니다.

③ 학군

서울뿐만 아니라 전국적으로도 학원가가 밀집해 있는 동네는 인기가 많습니다. 서울의 3대 학원가는 대치동, 목동, 중계동으로 학부모들이 선호하는 학원들이 많아 인근 주거지의 수요는 가히 폭발적입니다. 이런 높은 수요에 따라 전세 및 매매 시세 또한 인근 지역에 비해 높은 편입니다.

전국 학군지를 정리해 보면 다음과 같습니다.

전국 학군지

서울 : 대치동, 명일동, 서초동, 광장동, 중계동, 노량진, 목동, 대흥동

경기 : 분당 서현동, 수내동, 정자동, 평촌 평안동, 일산 마두동, 수원 영통구, 용인 수지구

인천 : 연수구 일대, 구월동 일대

대전 : 서구 둔산동, 유성구 노은동, 전민동, 어은동

충남 : 천안 쌍용동, 불당동

충북 : 청주 분평동

광주 : 남구 봉선동, 서구 치평동

전북 : 전주 효자동

대구 : 수성구 일대

부산 : 해운대구 좌동

울산 : 남구 삼산동

경남 : 창원 용호동

제주 : 노형동, 연동

그런데 최근에 서울의 3대 학원가를 제외하고, 주목을 받는 곳이 있습니다. 바로 마포구 6호선 대흥역 주변입니다. 몇 년 전부터 대치동의 유명학원 분원들이 속속 개원하고 있으며 지금도 계속해서 개원을 준비하고 있지만 주변에 마땅한 건물이 없어 애를 태우고 있다고 합니다.

왜 이렇게 많은 학원들이 이곳에 개원하는 걸까요?

그건 바로 수요가 그만큼 생겼다는 뜻입니다. 대흥역 주변으로

3,000세대가 넘는 마포래미안푸르지오를 비롯해 신촌그랑자이, 마포프레스티지자이, 신촌숲아이파크, 마포자이2차, 마포자이3차 등의 신축 아파트들이 들어서며 거대한 신도시로 변했습니다. 기존에는 주변에 학원가가 형성되지 않아 학부모들이 목동까지 라이딩을 하는 수고를 해야 했지만 이제는 그럴 필요가 없습니다. 새로운 학원가가 생기면서 학부모와 학생 들의 만족도가 매우 높아졌기 때문입니다.

보통 84㎡ 기준으로 15~20억 원 가까이 하는 시세로, 이를 구매할 수 있는 전문직 학부모들의 거주 비율도 상당히 높은 편입니다. 그래서 고액의 교육비도 충분히 감당할 수 있는 수요층이 생겼기 때문에 대치동 학원 분점들이 계속해서 들어오고 있습니다. 특히 아무 곳이나 분점을 내지 않는다고 유명한 H수학학원이 마포에 분점을 냈다는 사실은 큰 의미가 있습니다. 지인의 자녀가 대치동 H수학학원의 입학 테스트를 통과하기 위해 별도로 과외를 받았다는 사실을 접하고 깜짝

대흥역 학원가(왼쪽), 마포구 집값 변동률(오른쪽)　　　　　　　　　출처: KB부동산 리브온

놀란 적이 있습니다.

이런 학원가 형성은 결국 아파트 시세에도 긍정적인 영향을 주며 이러한 이유로 같은 마포구 내에서도 대흥역과 공덕역 일대의 아파트 시세가 다른 곳에 비해 훨씬 높습니다. 이는 학원가 수요로 인한 지속적인 거주 유입이 있음을 짐작할 수 있습니다. 결국 재개발로 인한 거주환경의 개선이 주거 수요를 증가시키고, 더불어 학군 개선에도 큰 영향을 미친다고 할 수 있습니다.

④ 주변 시세

입지 선택에서 네 번째 고려사항은 주변 시세입니다. 주변 시세를 체크해야 하는 이유는 해당 재개발 구역의 향후 시세를 예측할 수 있기 때문입니다. 주변 시세를 체크함으로써 앞으로의 안전마진 정도를 파악해 투자 시점의 수익을 계산할 수 있으며, 대장아파트가 가지고 있는 내·외 마감재 및 조경 그리고 커뮤니티 등을 기준으로 삼을 수 있습니다. 또한 현재의 전·월세 시세 및 수급 상황을 파악하면 향후 입주 시점의 상황도 예측이 가능합니다. 그러면 서울 내 주요 재개발 구역 주변 시세를 살펴보겠습니다.

먼저 동대문구에서 가장 핫한 지역은 청량리역 주변입니다. 인근에 제기4구역, 6구역, 청량리 6구역, 7구역, 8구역이 있으며 SKY L65 주상복합이 공사 중입니다. 이 지역의 대장아파트는 동대문 롯데캐슬노

동대문 롯데캐슬노블레스 위치와 시세　출처: 네이버부동산, 검색일: 2021년 2월 23일

블레스입니다. 2018년도에 입주해 584세대로 현재(2021년 6월 기준) 84㎡의 매물은 17~18억 원 선입니다. 청량리가 17억 원이라고? 놀라는 사람도 분명 있을 것입니다. 예전에 집창촌이 밀집해 있던 동네로 기억하고 있는 사람들에게는 더욱 충격이 클 수밖에 없는데요. 앞으로 청량리역 주변은 GTX-B, GTX-C, 수도권 광역급행철도, 강북 횡단선, 면목선 등의 교통 호재들이 줄지어 있기 때문에 주목할 필요가 있습니다.

　다음은 강북권에서 아파트 시세의 바로미터인 마포래미안푸르지오(일명 마래푸) 아파트입니다. 최근에는 신촌그랑자이, 마포프레스티지자이, 신촌숲아이파크의 입주로 인해 시세가 역전되긴 했지만 3,000세대가 넘는 대단지의 위용은 절대 무시할 수 없습니다. 이곳은 직장가가 밀집해 있는 광화문과 여의도로 출퇴근이 편리한, 진정한 직주 근접 지역으로 직장인들의 워너비 아파트임이 틀림없습니다.

현재 시세는 84㎡ 기준 19~20억 원(2021년 6월 기준) 선이며 인근 대흥역 주변으로 대치동 학원 분점들이 지속적으로 유입되고 있어 전월세 및 매매의 수급은 상당히 좋습니다.

또한 강북권에서 재개발 구역이 가장 많은 곳은 바로 옥수동과 금호동입니다. 그 많은 단지 중에서 래미안옥수리버젠 아파트는 옥수이

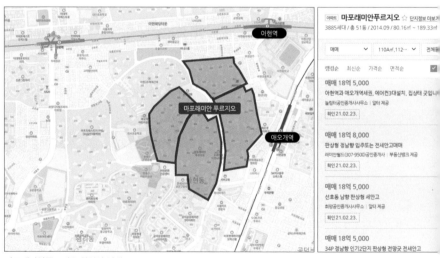

마포래미안푸르지오 위치와 시세 출처: 네이버부동산, 검색일: 2021년 2월 23일

래미안옥수리버젠 위치와 시세 출처: 네이버부동산, 검색일: 2021년 2월 23일

편한세상파크힐스와 더불어 대장아파트로 꼽힙니다. 시세는 비슷하나 래미안옥수리버젠 아파트가 2020년도에 가장 먼저 $84m^2$ 19억 원이 넘는 실거래가가 나왔습니다. 전체세대수는 1,514세대이며 2012년에 입주한 단지로 연식은 조금 된 아파트입니다. 하지만 주변 환경과 거주 만족도가 뛰어나고, 특히 3호선을 이용하면 압구정과 가장 가까운 지역이기 때문에 지속적인 수요가 유입돼 높은 시세를 유지하고 있습니다.

마지막 대장아파트는 바로 강남을 제외하고 가장 먼저 $84m^2$ 20억 원을 돌파한 흑석 아크로리버하임입니다. 과거에는 주변 환경이 낙후

흑석 아크로리버하임 위치와 시세 출처: 네이버부동산, 검색일: 2021년 2월 23일

되고 교통이 불편했지만 9호선이 들어오면서 강남 접근성이 좋아지고, 고급 주거지로 탈바꿈하며 높은 시세를 보이고 있습니다. 아크로리버하임은 2019년에 입주한 1,000세대가 넘는 대단지로 한강이 보이는 동에 따라 가격이 크게 차이가 있지만 현재(2021년 6월 기준)는 21~23억 원 사이이며, 앞으로 개발이 진행되고 있는 흑석뉴타운과 인근 노량진뉴타운의 시세에도 큰 영향을 미칠 것으로 생각합니다.

　마지막으로 입지 선택 시 고려해야 할 사항은 다음 장에서 자세히 살펴보겠습니다.

부자들의 투자 따라 하기

대부분의 부모들은 자녀가 성장해 결혼을 하더라도 본인 주변에서 거주하기를 희망합니다. 직장 때문에 어쩔 수 없이 지방에 거주하는 경우를 제외하고는 자녀들과 멀리 떨어져 거주하기를 원하는 부모는 아마도 드물 겁니다. 하지만 높은 집값으로 자녀들이 집을 사는 데 도움을 주기란 현실적으로 상당히 어렵습니다. 특히 서울이라면 더욱 부담이 되겠죠.

가족근접주의=자녀들을 주변에 거주시키고 싶은 욕망

부자들 또한 같은 생각을 갖고 있습니다. 강남에는 금전적 여유가 있는 부자들도 많지만 단지 오랫동안 거주하다 보니 부동산 가격이 급등해 아파트 한 채만 갖고 있는 부자도 많습니다. 본인이 거주하고 있는 아파트를 제외하면 현금이 여유 있는 사람은 많지 않죠. 그래서 자녀에게 아파트를 사 주기는 힘드니 주변에 재개발 될 곳을 미리 선점해 증여해 주는 경우가 많습니다. 그러면 자녀들이 초기 재개발 구역을 증여받아 직장인이 되고, 결혼할 때쯤 재개발 사업이 완료될 거라는 그림을 그려 볼 수 있습니다. 이후 대출을 이용해 추가 부담금을 내고 입주하면 자녀들은 큰 노력 없이 중산층이 된다는 플랜입니다.

그럼 부자들이 자녀들을 위해 어떻게 재개발 될 곳을 선점하는지 살펴보겠습니다.

첫 번째 지역은 바로 옥수동, 금호동입니다.

압구정과 강남에서도 차량을 이용하면 10~20분 이내로 갈 수 있을 정도로 근거리입니다. 혹시 1994년에 방영한 〈서울의 달〉이라는 드라마를 기억하는 사람이 있을까요? 채시라, 한석규, 최민식 주연으로 달동네에서 일어나는 에피소드를 다뤘는데 그 배경이 바로 옥수동, 금호동이었습니다. 실제 눈이 많이 오는 한겨울에는 언덕이 가팔라서 택시기사들이 기피하는 1순위 동네였습니다. 2000년대 중반만 하더라도 임대보증금을 끼면 1억 원이 안 되는 투자금으로 매수가 가

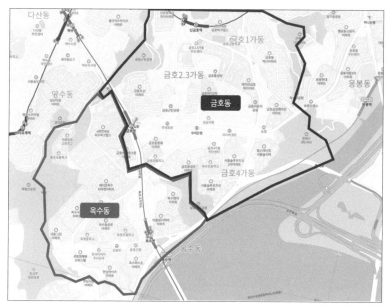

옥수동, 금호동 재개발

능했던 산동네였는데 지금은 재개발로 인해 멋진 신축 아파트 단지이
자 고급 주거지로 바뀌었으니 실로 엄청난 변화입니다. 이 동네를 가
보면 신혼부부들이 유모차를 밀며 지나가는 모습을 쉽게 볼 수 있습
니다. 84㎡ 기준 18억 원 전후의 시세를 보면 성공한 투자라고 할 수
있겠죠.

두 번째 지역은 흑석뉴타운입니다. 고속버스터미널 근처의 고급 아
파트 단지인 반포에서 차량으로 15분 내외로 갈 수 있는 지역입니다.
강남권을 제외하고 가장 먼저 실거래가 20억 원을 넘은 지역이기도

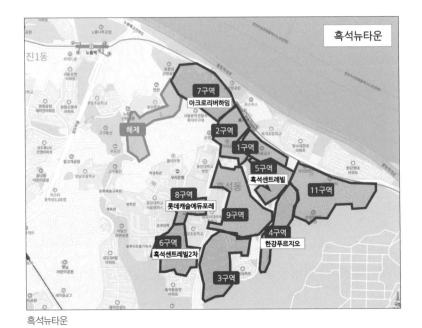

흑석뉴타운

합니다. 한강변과 중앙대병원이 인근에 있어 입지면에서 가장 뛰어난 지역 중에 하나입니다. 흑석뉴타운도 재개발 초기 단계 때 1억 원 정도의 투자금으로 매수한 반포 주민들이 많습니다. 제가 아는 지인 중 한 분은 자녀 둘에게 흑석뉴타운 내의 빌라를 2채 매수해 증여한 것을 보았습니다. 자녀들은 직장인이고 최근에 결혼해서 흑석뉴타운에 거주하고 있는데 2채 중 하나가 바로 아크로리버하임입니다. 20억 원이 넘는 시세가 가히 놀랄 만합니다.

세 번째 지역은 성남 구도심입니다.

구성남의 이미지는 높은 언덕길과 좁은 골목으로 주차난이 심하고 밤이 되면 으슥한 골목에 범죄가 일어날 법한 느낌이었습니다. 실제로 많은 범죄영화의 촬영지였던 곳이기도 합니다. 하지만 현재는 20곳 넘는 재개발 구역이 사업을 진행하고 있으며 인근 부촌인 판교와 분당과도 20분 이내의 거리로 앞으로 천지개벽할 것으로 기대되는 곳입니다. 최근에 입주한 산성역포레스티아의 경우 $84m^2$이 14억 원 전후인데 이 정도 시세면 형님인 분당도 뛰어넘을 기세입니다. 또한 현재 재개발을 진행 중인 곳들의 시세 또한 프리미엄이 4~6억 원 정도로 많은 투자자들의 관심을 모으고 있습니다. 성남의 재개발 구

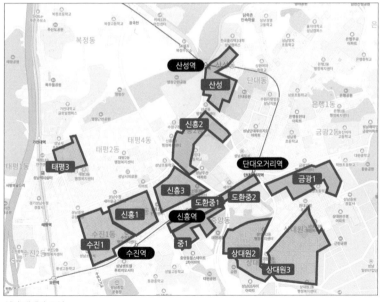

성남 재개발 구역

역들 또한 5년 전만 하더라도 초기투자금액 1억 원으로 진입이 가능했습니다. 실제로 분당과 판교에 거주하는 부자들이 많이 투자했습니다. 현재는 입주까지 완료된 구역이 별로 없지만 향후 10년 이내에 성남의 많은 구도심 구역들이 신축 아파트 대단지로 변모할 것입니다.

네 번째 지역은 최근에 핫한 덕소뉴타운입니다. 재건축으로 인해 신축 대단지로 변모한 상일동역에서 차량으로 20분 이내의 거리에 있습니다. 사실 상일동에서 가장 가까운 지역은 미사신도시입니다. 하지만 미사도 $84m^2$가 12억 원 이상의 시세이기 때문에 자녀를 위한

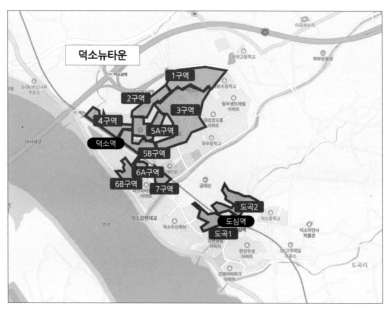

덕소뉴타운

투자처로는 부담되는 게 사실입니다. 물론 상일동역에서 한강을 건너면 구리와 다산신도시도 있습니다만 이미 시세가 많이 올랐기 때문에 투자금이 많이 들어갑니다. 덕소는 2019년 가을에 제가 직접 임장을 다녀 보고, 6,000~7,000만 원의 투자금으로 매수해 지인들과 주변 사람에게도 많이 추천했습니다. 게다가 향후 고덕 비즈밸리타운이 개발돼 많은 회사들이 입주하고, 이케아와 같은 상업시설이 들어올 예정이라 4만 명 이상의 고용효과도 기대할 수 있습니다. 여기서 근무하게 될 직장인들이 인근 주거지를 선택할 수도 있지만 근처 상일동, 미사신도시는 비용면에서 부담이 되기 때문에 다소 저렴한 덕소뉴타운이 대체 주거지로써 수요가 늘어날 가능성이 높습니다. 또한 9호선이 왕숙으로 연장될 예정이라 대중교통이 보완된다면 더욱 좋아질 것으로 생각합니다.

지금까지 부자들이 투자한 곳 네 군데를 말씀드렸지만 덕소뉴타운을 제외한 3곳의 시세는 이미 크게 올라 선뜻 투자하기가 어려운 지역이 됐습니다. 개인적으로는 구성남의 초기 재개발 구역이나 덕소뉴타운 개발이 완료될 시점에는 지금과 전혀 다른 곳으로 변할 것으로 예상하기 때문에 자녀를 위한 현실적인 투자처라고 생각합니다.

Chapter
5

재개발 실전
: 재개발 매물 선택법

재개발 입주권 선택하기

재개발 투자를 실행하기에 앞서 해당 구역의 진행상황과 매물의 정확한 정보를 체크할 필요가 있습니다.

그러면 재개발 구역에 대한 정보는 어디서 찾을 수 있을까요?

서울시는 클린업시스템(cleanup.seoul.go.kr), 경기는 추정분담금 정비시스템(gres.gg.go.kr), 인천시도 추정분담금 정보시스템(renewal.incheon.go.kr) 사이트를 접속하면 각 자치구별 재개발·재건축 정비사업현황의 정보를 선택할 수 있습니다. 다른 지역은 아직 시스템이 구축되지 않았습니다.

서울은 클린업시스템 사이트를 접속해 원하는 자치구를 선택하면

서울시 클린업시스템

서울시 구별 정보 선택

동별 정비구역 List

추진경과 단계 및 조합공지 정보

출처: 서울시 클린업시스템

동별로 사업현황이 확인 가능합니다.

예를 들어 관악구를 선택하면 남현동, 봉천동, 신림동의 정비사업 현황이 나옵니다. 그중에 내가 확인하고 싶은 동을 클릭하면 사업장별 재개발·재건축 현황을 볼 수 있으며 해당 정비사업장의 추진 단계와 조합에서 공개하는 주요 공지 및 사업현황을 자세히 볼 수 있습니다. 또한 사업현황 자료에는 조합원수, 정비구역 면적, 토지 등 소유자수, 세입자수 등의 정비사업 개요부터 조감도, 평형별·타입별 평면도와 단지배치도 등의 세부적인 내용이 나와 있기 때문에 이러한 정보를 사전에 수집해 매수를 원하는 구역의 사업현황과 향후 계획을 알아 두면 선택에 큰 도움이 됩니다.

해당 구역에 대한 사전 조사 후 현장 부동산을 방문하면 다양한 매물을 접하게 되는데 어떠한 매물을 선택해야 할지 고민이 생깁니다. 재건축 조합원은 토지와 건물을 소유해야 입주권 지위가 나오는 반면 재개발 조합원은 토지와 건물 소유 이외에도 건물만 소유하거나 토지만 소유, 또는 무허가건축물을 소유해도 입주권을 받을 수 있습니다.

이처럼 다양한 재개발 매물이 있다면 선택하기가 생각만큼 쉽지 않습니다. 해당 매물에 대한 보다 세부적인 정보와 정밀한 분석이 필요한데 저는 한국토지주택공사에서 운영하는 씨:리얼(seereal.lh.or.kr)을 주로 이용합니다. 이 사이트는 부동산에 관한 세제 정보, 통계, 생활가

재개발 지번 검색

해당 지번 기본 정보 및 토지이용계획 정보

한국토지주택공사에서 운영하는 씨리얼

토지이용 규제 정보를 한눈에 확인 가능

출처: 서울시 클린업시스템

이드 등의 종합적인 정보를 제공하기 때문에 생각보다 유용한 정보를 간편하게 찾을 수 있습니다. 그리고 원하는 매수 후보 물건지의 해당 지번을 검색하면 연도별 공시지가부터 다양한 토지정보를 열람할 수 있기 때문에 이를 토대로 매물에 대한 자세한 분석을 해 보면 됩니다.

감정평가 예측하기

재개발 매물을 투자하기 위해 정보 분석을 사전에 했더라도 현장에서 거래되는 정확한 시세를 파악하는 게 필요합니다. 사업진행 단계가 사업시행인가 이후라면 감정평가금액이 각 조합원들에게 통보됐기 때문에 감정평가금액에 프리미엄을 더하면 거래 시세가 됩니다. 이는 정확한 내역이 나와 있기에 시세 파악이 쉽습니다.

반면에 사업시행인가 전 단계라면 감정평가금액이 나오지 않았기 때문에 대략적인 감정평가를 해 봐야 시세를 파악할 수 있습니다. 투자자가 개인적으로 감정평가사를 고용해 탁상감정을 받으면 보다 정확한 감정평가를 알 수 있지만 대부분의 사람들은 부동산에서 산출한 대략적인 감정평가에 의존하게 됩니다.

이처럼 어렵고 복잡한 감정평가는 어떻게 산출할까요?

재개발 조합에서는 사업시행인가 이후 종전자산평가를 위해 용역을 발주합니다. 보통 감정평가사 2~3곳을 통해 조합원들의 자산을 평가하는데 조합원이 가장 가슴 두근거리면서 기다리는 시점입니다. 본인의 재산을 정확하게 평가받는 시간이니 말이죠.

물론 조합원 모두 높은 감정평가를 받고 싶어 하지만 막상 감정평가 통지서를 받으면 대부분 자신이 예상했던 금액보다 낮게 나오기 때문에 아쉬움을 토로하는 사람들이 많습니다.

그럼 실제로 감정평가를 어떻게 하는지 알아보겠습니다. 내용이 복잡하고 생소할 수 있지만 한번 가볍게 읽어 보면 권리분석을 하는 데 도움이 됩니다.

감정평가 얼마? ≠ 공주가×130%

우리가 흔히 알고 있는 공동주택가격이란 다세대, 아파트와 같은 집합건물의 세금을 매기기 위한 기준이지, 감정평가를 위한 기준이 절대 아닙니다.

감정평가금액과 공시지가는 부동산 시장의 흐름에 따라 달라지기 때문입니다. 부동산 경기가 좋을 때는 공시지가가 상승하기 때문에 덩달아 감정평가금액도 높아지지만 부동산 경기가 침체돼 있다면 감정평가금액도 낮아집니다.

단독주택이나 다가구단독주택은 토지와 건물로 분리해서 감정평가한 후 합산하는데 토지는 표준지공시지가를 기준으로 합니다. 다만 표준지공시지가는 실제 거래되는 시세와 비교하면 대부분 낮습니다. 그래서 개별적인 요인을 반영해 산출합니다.

개별 요인이란 표준지와 대상 토지의 격차를 반영하는 것입니다.(도로 유불리, 접근조건 유불리 등) 그리고 표준지가는 일반 거래되는 시세보다 낮기 때문에 '그 밖의 요인 보정'이라는 과정을 통해 보정합니다. 거래되는 시세가 표준지 가격보다 40% 높다면 그 밖의 요인이 1.40이 돼 곱해 줍니다. 단, 위 내용처럼 대체로 상당히 보수적으로 판단하게 됩니다.

건물의 평가는 원가법을 사용하는데 원가법이란 집을 짓기 위해 들어가는 원가를 계산해 연식에 따른 감가상각을 반영하는 방법입니다. 그리고 집을 지을 때 사용한 재료가 철근 콘크리트인지. 벽돌적조 또는 목재인지에 따라 평가가 다르게 나옵니다.

재개발 구역은 대부분 30~40년 된 오래된 주택이 많기 때문에 목조주택은 평당 50만 원, 벽돌적조는 70만 원, 철근 콘크리트 구조는

100만 원 선에서 평가된다고 생각하면 됩니다. 다만, 건물의 내용 년 수가 경과됨을 반영하기 때문에 재조달원가(새로 짓는 비용) 단가 기준 100만 원이라도 40년이 경과한 경우 아래와 같이 반영됩니다.

$$\frac{(100만\ 원)재조달원가 \times (45년-40년)잔존년수}{(45년)경제적수명} = 약\ 11만1,000원$$

재조달원가 판단은 동일 구역 내에 있는 비슷한 구조의 수준이며, 경과년수는 건물 보존 수준에 따라 실제 경과년수와 다르게 다소 증감이 가능합니다. (금액 수준은 예시입니다)

다세대나 아파트와 같은 집합건물은 토지와 건물을 합산해서 평가하는데 일반적으로 거래사례법을 이용합니다. 집합건물은 단독주택이나 다가구주택에 비해 감정평가를 예측하는 것이 상당히 어렵습니다.

거래사례법이란 해당 재개발 구역 인근 지역에서 비슷한 연식과 토지면적, 전용면적의 물건을 찾아서 실제 거래되는 시세를 참고해 평가하는 방법입니다.

아래 내용은 평가방법에 대한 법 조항으로 한번 가볍게 읽어 보면 좋겠습니다.

제5조【토지의 평가】 재개발사업등 및 재건축사업에 관한 토지의 평가는 가격시점 현재에 있어서의 일반적인 이용방법에 의한 객관적 상황을 기준으로 하며, 토지소유자가 갖는 주관적 가치나 특별한 용도에 사용할 것을 전제로 한 가치 등은 이를 고려하지 아니한다.

제6조【건물의 평가】 재개발사업등 및 재건축사업에 관한 건물의 평가는 **원가법**에 의한다. 다만, 원가법에 의한 평가가 적정하지 아니한 경우에는 거래사례비교법 또는 수익환원법에 의할 수 있다.

제7조【건물과 토지의 일괄평가 등】 ① 재개발사업등 및 재건축사업에 관한 물건의 평가는 대상물건마다 개별로 행함을 원칙으로 한다. 다만, 2개이상의 대상물건이 일체로 거래되거나 대상물건 상호간에 용도상 불가분의 관계가 있는 경우에는 일괄하여 평가할 수 있다.
② 제1항 단서의 규정에 의하여 건물과 토지를 일괄하여 평가하는 경우에는 거래사례비교법 또는 수익환원법에 의한다.
③ 제1항의 규정에 의하여 「집합건물의 소유 및 관리에 관한 법률」에 의한 구분소유권의 대상이 되는 건물부분과 그 대지사용권을 일괄하여 평가하는 경우에는 **거래사례비교법**에 의한다. 다만, 거래사례비교법에 의한 평가가 적정하지 아니한 경우에는 원가법 또는 수익환원법에 의할 수 있다.

제3장 목적별 평가방법

제9조【종전자산의 평가】 ① 종전자산의 평가는 사업시행인가고시가 있은 날의 현실적인 이용상황을 기준으로 하되, 정비구역의 지정은 당해구역의 개발.정비를 위한 구체적인 사업의 시행을 필요로 하는 개별적인 계획제한으로 보고 그 공법상 제한을 받지 아니한 상태를 기준으로 한다. 다만, 재개발사업등 및 재건축사업을 위한 종전자산은 다음 각 호의 **개발이익 등을 배제한 가격으로 평가한다.**

  1. 당해 정비사업의 계획 또는 시행이 공고 또는 고시됨으로 인한 가격의 증가분 중 특별한 용도나 규모의 물건에 대한 분양권 프리미엄에 해당하는 가격 증가분.
  2. 기타 당해 사업의 착수에서 준공까지 그 시행으로 인한 가격의 증가분 중 가격시점 현재 미실현된 것.
② 도로 및 구거부지 등의 평가는 토지보상평가지침 제35조 내지 제38조의 규정을 준용한다. 이 경우 공도.사도 등의 구분은 그 도로 등의 종류.설치목적.성격 등을 기준으로 판단하되, 소유자는 그 판단의 기준에서 제외된다.
③ 당해 정비사업의 시행을 목적으로 하거나 시행에 따른 절차로서 용도지역의 변경 등 토지이용계획이 변경된 경우에는 변경전의 용도지역 등을 기준으로 비교표준지를 선정하여 평가한다.

재개발은 구역 특성상 개발이익이라는 환경에 편승해 다소 높은 시세를 형성하기 때문에 거래되는 시세를 그대로 반영하지는 않습니다. 거래사례법에서는 개발이익을 배제한 평가방법을 사용하기 때문에 내가 소유한 빌라가 현재 프리미엄을 포함해 3억 원에 거래된다고 하더라도 유사한 조건의 물건이 인근 지역에서 2억에 거래된다면 감정평가는 3억 원이 아닌 2억 원이 된다는 이야기입니다. 이미 재개발 사업단계에 따라 시세가 높게 반영돼 있기 때문에 객관적인 평가가 어렵다는 뜻입니다.

그러면 재개발 감정평가방법 대해 알기 쉽게 Q&A 식으로 정리해 보겠습니다.

Q: 빌라와 같은 집합건물의 평가방법은?
A: 재개발 구역 외 인근 지역의 거래사례법을 통해 유사한 면적의 물건을 기준으로 하되 가능한 인근 지역구를 벗어나지 않음. 비슷한 연식의 물건이 아닐 경우 몇 년 더 된 구축과 비교한다.

Q: 내가 받은 감정평가에 대해 이의신청이 가능한가?
A: 재결 및 소송으로 이의신청이 가능하나, 현금청산자 이외의 조합원이 이의신청 시 받아들여지는 경우는 거의 없다.

Q: 감정평가 시 표준지공시지가, 개별공시지가의 영향을 받는가?
A: 단독주택, 다가구주택만 영향을 받는다.

Q: 공동주택가격 밑으로 감정평가금액이 나오는가?
A: 대부분 공동주택가격 이상으로 감정평가금액이 나온다.

Q: 세입자가 없는 공가는 감정평가에 영향을 주는가?

A: 오래된 폐가가 아니면 큰 영향이 없으나 상가는 세입자가 없는 경우 영향이 있기도 하다.

Q: 도로의 접근성 및 경사도는 영향을 주는가?

A: 위치에 따라 영향이 있다.

Q: 엘리베이터가 있는 집합건물의 경우 감정평가에 영향을 주는가?

A: 유무에 따라 반영된다.

Q: 도로의 폭과 차량 접근성이 영향을 주는가?

A: 접근성에 따라 반영된다.

Q: 층수에 따라 감정평가가 다르게 나오는가?

A: 그렇다. 5층 건물의 경우 2층과 3층이 가장 높게 나온다.

이러한 요인들이 감정평가에 영향을 준다고 하면 우리는 어떠한 매물을 선택해야 할까요? 답은 바로 나오네요.

재개발 구역 내에 가장 최근에 지어진 매물

단독주택보다는 다세대

비슷한 대지지분이라면 전용면적이 보다 넓은 매물

비슷한 전용면적인 경우 대지지분이 큰 매물

저층이나 탑층보다는 중간층의 매물

경사도가 완만하거나 평지에 있는 매물

차량 접근성이 좋은 도로에 인접한 매물

그럼 이렇게 완벽한 매물이 과연 있을까요? 벌써 다른 투자자들이 선점했을 수도 있습니다. 하지만 여러분은 이제부터 어떠한 매물이 감정평가를 보다 높게 받을 수 있는지 알기 때문에 위와 같은 조건에 부합되는 매물을 찾기 위해 노력해야 합니다.

다세대 VS 다가구 VS 분리다세대

재개발 구역을 임장하다 보면 가장 많이 보이는 건물이 다세대나 다가구입니다. 최근에 지은 다세대 건물은 외관으로 확연하게 구분할 수 있지만 30년 넘은 다세대 건물 중에는 다가구인지 다세대인지 헷갈리는 것들이 상당히 많습니다.

다세대란 우리가 흔히 말하는 개별 등기가 돼 있는 빌라이고, 다가구는 1인이 소유하고 있는 단독주택이라고 보면 됩니다. 가장 큰 차이는 다세대는 각 호별로 조합원 지위가 인정되는 반면 다가구는 여러 집이 살고 있어도 주인이 한 명이기 때문에 집주인만 입주권이 나옵니다.

다세대 빌라는 투자자들이 가장 선호하는 매물입니다. 일반 단독주택이나 다가구주택에 비해 감정평가금액이 잘 나오는 편이고, 매도를 원하는 경우에도 투자금이 가볍기 때문에 거래가 쉽게 되는 편입니다.

다가구도 전용면적이 큰 매물은 입주권 2개를 신청할 수 있어 투자자들이 선호하지만 투자금이 많이 들기 때문에 부동산 침체기에는 거래가 쉽지 않습니다.

구분	다세대	다가구
층수	4개층 이하	3개층 이하
구분 소유	가능	불가능
개별분양/매매	가능	불가능
전입신고	동호수 기재	지번만 입력
건축법상	공동주택	단독주택
입주권	개별 입주권	1개 입주권

그런데 태생은 다가구인데 구분등기가 돼 있는 '분리전환 다세대'라는 것도 있습니다. 건축 당시는 다가구였다가 나중에 다세대로 등기를 변경한 주택입니다.

문제는 전환 시점입니다. 서울시의 경우 2003년 12월 30일 이전에 전환된 분리다세대는 개별 입주권이 나오지만 이후에 전환된 분리다세대는 개별로 구분등기가 돼 있다 하더라도 입주권이 하나밖에 나오지 않습니다. 이런 매물을 정확이 알아보지 않고 부동산 중개사의 이야기만 믿고 매수했다간 현금청산자로 분류돼 소중한 자산을 잃게 되는 경우도 있습니다. 또 2003년 12월 30일 이전에 전환됐다고 하더라도 전용면적이 $60\,m^2$ 이하의 작은 매물을 소유하면 향후 조합원 분양신청 시 $60\,m^2$ 이하의 소형평수 또는 임대아파트만 신청이 가능합니다. 만약 분리다세대의 전용면적이 $60\,m^2$ 초과이면 문제없이 중대형평수를 신청할 수 있습니다. 구역에 따라 조합정관에 평형배정 변경이 가능한 곳도 있지만 이런 세부조건을 잘 파악해야 하기 때문에 여러 개의 매물이 있다면 꼼꼼하게 따져서 가장 좋은 것으로 선택해야겠죠.

먼저 아래 3개의 다세대 빌라를 매수 후보군으로 두고 어떤 차이가 있는지 한번 살펴보겠습니다.

A매물 매매금액: 1억 8,000만 원(감평가: 9천, P9천) 전세 1억 원, 실투 8,000만 원	**프리미엄** A>C>B
B매물 매매금액: 2억 8,000만 원(감평가: 2억 1천, P7천) 전세 1억 원, 실투 1억 8,000만 원	**실투금액** C>B>A
C매물 매매금액: 1억 9,000만 원(감평가: 1억 1천, P8천) 월세 500만/50, 실투 1억 8,500만 원	**투자매력도** A≧C>B

프리미엄은 B매물이 가장 저렴하고 그 다음은 C, A순입니다. 하지만 B매물은 실투가 많이 들어가는 단점도 있기에 투자자 입장에서는 A매물이 투자매력도가 가장 좋습니다. C매물은 월세여서 보증금이 낮아 대출이 가능하기 때문에 실투금액이 낮아질 수 있습니다. 또한 대출이자는 월세로 대체가 가능하기 때문에 투자매력도 역시 B보다 C가 좋습니다. 향후 시세가 상승해 매도 시에는 A매물이 실투가 덜 들어간다는 점에서 가장 먼저 매도될 가능성이 높습니다.

이번에는 단독주택 A, 다가구 B, 빌라 C 3개의 매물 후보군이 있습니다. 사업시행인가 이전이라서 감정평가금액은 나오지 않았습니다.

단독주택 A 매매금액: 5억 원(대지: 25평, 건물: 30평) 전세 2억 원, 실투 3억 원	**대지지분 평당 단가** C(3,300만 원) > B(2,500만 원) > A(2,000만 원)
다가구 B 매매금액: 5억 원(대지: 20평, 건물: 38평) 전세 3억 원, 실투 2억 원	**실투금액** A > B > C
빌라 C 매매금액: 3억 3,000만 원 (대지: 10평, 건물: 14평) 전세 1억 7,000만 원, 실투 1억 6,000만 원	**투자매력도** C ≧ B ≧ A

대지지분당 평당 단가는 단독주택 A가 가장 저렴하지만 실투금과 투자매력도면에서는 빌라 C나 다가구 B를 선호합니다.

만약 사업시행인가 이후 감정평가금액이 통보됐다면 상황은 어떻게 변할까요? 다가구 B는 감정평가금액이 3억 2,000만 원, 프리미엄은 1억 8,000만 원이 되므로 가장 저렴합니다. 감정평가금액을 알기 전에는 실투를 기준으로 빌라 C가 가장 선호하는 매물이었지만 감정평가금액이 정확이 나오면 프리미엄과 실투를 비교해 다가구 B의 투자매력도가 가장 높은 매물로 변하게 됩니다.

단독주택 A 매매금액: 5억 원(감정평가: 3억, P: 2억) 전세 2억 원, 실투 3억 원	프리미엄 C(2억 1,000만 원)＞A(2억) ＞B(1억 8,000만 원)
다가구 B 매매금액: 5억 원(감정평가: 3억 2천, P: 1억 8천) 전세 3억 원, 실투 2억 원	실투금액 A＞B＞C
빌라 C 매매금액: 3억 3,000만 원(감정평가: 1억 2천, P: 2억 1천) 전세 1억 7,000만 원, 실투 1억 6,000만 원	투자매력도 B＞C＞A

이처럼 다양한 비교 기준을 통해 매수할 후보군을 선택하고 매도 시점에 시장에서 제일 선호하는 매물을 고르는 것이 가장 현명한 투자 방법입니다.

1+1 매물 찾기

재개발 투자를 하다 보면 좋은 물건 하나를 매수하기도 어려운데 한꺼번에 두 개의 입주권을 받을 수 있는 매물도 있습니다. 두 채를 한꺼번에 매수한다는 이야기는 아니고 한 채를 매수하면 입주권 2개를 받을 수 있다는 뜻입니다.

이른바 1+1! 하나 사면 하나가 덤으로 딸려 오는 매물이죠. '덤으로 주는 매물이라고?' 뜻밖의 횡재라고 생각할 수도 있습니다. 특히 1+1 매물은 해당 타입의 매물을 두 채 따로 매수하는 것보다는 훨씬 저렴한 금액으로 투자가 가능하기에 인기가 많습니다.

그럼 어떤 매물이 해당 자격이 있는지 살펴보겠습니다. 쉽게 말해서 두 개의 분양주택이 전용면적 이상인 매물이거나 두 개의 분양가 합계 이상이거나 하는 큰 다가구나 주택인 매물이겠네요.

종전자산 주거면적 ≧ 두 개 분양주택 전용면적

145㎡ ≧ 84㎡+59㎡

135㎡ ≧ 84㎡+49㎡

120㎡ ≧ 59㎡+59㎡

100㎡ ≧ 49㎡+49㎡

종전자산금액 ≧ 두 개의 분양가 합계

10억 ≧

조분가 5억(84㎡)+4억(59㎡)

조분가 4억(59㎡)+4억(59㎡)

조분가 6억(104㎡)+4억(59㎡)

다만 추가로 받은 하나는 반드시 $60㎡$ 이하만 선택해야 한다는 것과, $60㎡$ 이하의 주택은 입주 후 바로 매도가 불가능하고 반드시 이전고시 후 3년이 지난 다음 매도할 수 있다는 전제조건이 있습니다.

1+1 매물은 입주권 하나를 더 받을 수 있는 장점도 있지만 투자 시 조합 내부 요인과 부동산 규제대책 등의 외부 요인으로 주의할 점이 몇 가지 있습니다.

먼저 조합 내부적으로 주의해야 할 점을 한 번 살펴보겠습니다.

우선 조합원 분양신청 시 1주택 신청자와의 경쟁이 필수불가결입니다. 쉽게 풀어서 이야기하자면 $59m^2$를 신청하는 조합원이 많아 물량이 오버되면 1+1 조건을 가진 조합원은 추가로 신청하지 못합니다. 1주택 신청자가 우선순위다 보니 그렇습니다. 최근에는 $84m^2$을 선호하는 분위기라 $59m^2$이 남지만 한때는 $59m^2$을 선호하는 때도 있었습니다. 항상 트렌드는 바뀌곤 하니 조심해야겠죠. 그리고 이전고시 및 건물 등기 이후에는 추가로 받은 아파트를 분리해 매각이 가능하지만 재개발 지역이다 보니 항상 소송이라는 리스크가 존재해 예상보다 건물 등기가 늦게 나는 곳이 다수입니다.

예를 들어 모 재개발 구역은 이전고시가 수년이 지났지만 아직 등기가 나지 않은 곳도 있습니다. 그럼 1+1 소유주들은 힘들 수밖에 없습니다. 그래서 일반분양이 많은 사업성이 좋은 재개발 구역을 찾아서 투자해야겠죠.

중도금 대출에 대한 주의점도 있습니다. 조합의 추진 의지에 따라 중도금 대출을 전부 해 주는 조합이 있는 반면 하나의 중도금만 대출해 주고 나머지 하나는 조합원이 해결해야 하는 곳도 있으며 심지어 둘 다 안 해 주는 곳도 있습니다. 그래서 꼭 중도금 가능 여부를 조합에서 확인하고 투자해야 합니다.

또 하나 주의해야 할 점은 조합원분양가입니다. 조합원분양가는 대출과 마찬가지로 조합의 의지와 정관에 따라 2개 모두 조합원분양가로 해 주는 곳도 있고, 나머지 하나는 일반분양가의 90% 또는 일반분양가로 하는 곳도 있습니다.

동호수 추첨도 확인해야 합니다. 입주권 두 개 모두 조합원 대상 동호수 추첨을 해서 로얄동 로얄층을 받을 수 있는 조합도 있고, 반대로 추가로 받는 작은 평수는 저층으로 고정시켜 놓은 곳도 있습니다.

조합원분양가 인상도 주의해야 합니다. 작년에 수원과 의정부의 모 구역들이 예상보다 높은 공사비 증액으로 인해 관리처분계획인가 시 비례율은 유지하는 대신 조합원분양가를 대폭 인상해 조합원들의 원성을 샀습니다. 그럼 1+1 신청자들은 2배로 조분가가 인상되니 부담도 2배가 되는 것이죠.

일반적으로 재개발 사업이라는 게 진행이 더디다 보니 사업시행인가 시점에 정해 놓은 조합원분양가가 관리처분 시점에는 물가상승률 또는 리스크로 인한 비용 증가로 상승하는 경우가 상당히 많습니다. 재개발 사업이 빨리 진행되는 곳은 사업시행인가 이후 단 1년 만에 관리처분이 나는 곳도 있으나 어떤 곳은 관리처분인가까지 4~5년씩 걸리는 곳도 있다 보니 조합원분양가 인상은 당연시되고 있습니다.

마지막으로 1+1 자격요건에 대한 갈등도 있습니다.

예를 들면 지하 1층, 지상 1층, 2층으로 된 다가구나 단독주택을 소유한 경우 지하 1층에 대한 주거전용면적을 포함시켜 주느냐 포함시켜 주지 않느냐에 따른 갈등입니다. 만약 지하 1층의 전용면적을 포함시켜 주지 않는다면 해당 조합원은 1+1을 분양받지 못합니다. 이 문제에 따른 조합 측의 입장은 이렇습니다. 지하 1층에 세입자가 살지 않아서 전용면적으로 인정할 수 없다는 논리입니다. 그래서 건축물대장을 꼭 확인해야 합니다. 지하가 건축물대장상 주거용 주택으로 돼 있는지 아니면 주거용이 아닌 공용부분인지를 확인해야 합니다.

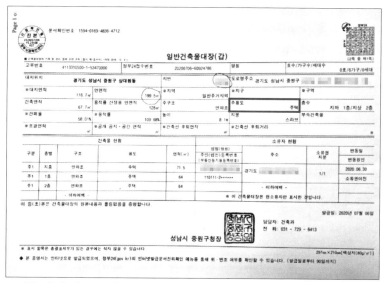

1+1 매물, 지층에도 용도가 주택이라고 표기돼 있는 건축물대장

주거용이 아닌 공용부분이이라면 전용면적으로 인정받지 못합니다. 분양권에 관한 판례로 2008년 7월 30일 이전부터 주거용으로 사용하고 있으며, 건축물대장상 주택으로 돼 있다면 구청에서 재산세 과세를 했던 기록이 있을 겁니다. 그리고 또 하나 세입자가 현재 살고 있지 않지만 과거에 살았던 적이 있다면 가스나 전기를 사용했기 때문에 과거 납부내역을 받아서 조합에 첨부하면 인정받을 수 있습니다. 분명 위와 같은 사례로 거주 증거를 제시하지 못해 1+1을 신청하지 못한 조합원들이 주변에 있습니다. 그래서 1+1 매물을 매수할 때에는 조합 정관과 건축물대장상 용도를 꼭 확인하는 게 좋습니다.

다음으로는 외부적 요인을 살펴보겠습니다.

대부분 정부 정책과 연관돼 있는 사항이 많습니다. 예전만 하더라도 아파트를 장기임대주택으로 신청이 가능했기 때문에 1+1 중 60 m^2 이하의 작은 매물은 장기임대로 신청하고, 다른 하나는 2년 실거주 후 비과세가 가능했습니다. 그리고 장기임대는 향후 기간 만료 후 양도세 공제혜택을 받고 얼마 안 되는 세금을 내고 매도하는 전략이 유효했습니다.

그런데 2020년 부동산 규제 이후 아파트의 임대주택 신청이 불가능해지자 문제가 생겼습니다. 큰 매물에 거주해도 2주택이 돼 버리니 비과세를 받기가 힘들어졌습니다. 비과세가 안 되면 내야 하는 양도세가 많아집니다.

또 하나는 두 개의 입주권을 받으면 2주택 보유자가 되니 예상보다 높은 보유세로 인해 부담이 됩니다. 강북만 하더라도 신축 84㎡은 15억 원 전후, 59㎡은 12억 원 전후이니 갑자기 다주택자가 돼 보유세 부담이 상당히 커집니다.

입주 시 잔금대출에도 여러 가지 제한이 있습니다. 자금의 여유가 있다면 문제없지만 투자자는 항상 자금이 부족하기 때문에 대부분 이 부분에서 고민이 많습니다.

정말 입지가 훌륭한 곳이라면 신축 아파트를 한번에 2채를 매수할 수 있는 좋은 기회임은 틀림없습니다. 게다가 입주권 2개를 따로 매수하는 것보다 훨씬 저렴한 금액으로 투자가 가능한 장점도 있습니다. 만약 지속적인 시세 상승이 예상된다면 자산 증식에 큰 도움이 됩니다. 하지만 보유세와 양도 시 세금 문제에 대한 고민도 분명 필요하기 때문에 '계륵'처럼 남 주기는 아깝고 내가 가지기도 부담스러운 존재가 되곤 합니다.

무허가주택 투자하기

재개발 투자를 위해 매물을 찾다 보면 무허가주택을 만날 수 있습니다. '무허가주택?' 허가를 안 받았다고 하니 살짝 걱정도 됩니다. 무허가주택이란 국가나 시의 토지 또는 사유지에 집을 지었기 때문에 일명 '뚜껑'이라고 부르는 것을 말합니다. 남의 땅에 집을 건축했으나 일정 기간이 지나면 입주권이 나오는 매물인데, 일반 투자자뿐만 아니라 특히 다주택자들에게 인기가 많습니다.

서울시에서 정한 무허가건축물의 조건입니다.

무허가건축물 입주권 부여 기준(서울시)

1. 1989년 1월 23일 이전 지어진 무허가건축물
   (기존 1981년 12월 31일에서 7년 가량 완화)

2. 항공 사진 또는 무허가확인원 등재된 무허가건축물

3. 주거용이 아닌 상가용도는 입주권 부여 안 됨

4. 서울시 이외의 지역은 무허가확인원이 없어
   항공 사진 또는 재산세 과세대장, 공유재산 대부계약서 확인

무허가건축물의 종류는

1) 타인 사유지 + 무허가건물

2) 본인 사유지 + 무허가건물

3) 국공유지 + 무허가건물

무허가주택이란 대부분 시유지나 국공유지에 건축물을 올려서 만든 주택이라고 보면 됩니다. 1970~80년대 서울 시내 개발로 인해 외곽으로 이주하는 세대들이 많았는데요. 특히 서울은 88올림픽을 앞두고 강제 철거를 하면서 서대문, 관악, 은평, 도봉, 노원구 등으로 많이 이주해 그 지역 재개발 구역에 무허가주택이 많이 존재합니다. 많은 곳은 전체 재개발 구역의 40% 이상을 차지하기도 합니다.

그럼 무허가주택 물건의 투자 포인트는 무엇일까요?

무허가주택은 쉽게 말해서 종전자산이 거의 없는 것과 마찬가지이므로 투자금액이 낮습니다. 감정평가금액이 몇 백, 몇 천만 원 정도이므로 여기에 현재 프리미엄만 더해서 거래됩니다. 투자자 입장에서는 초기투자금액이 낮아 무허가주택을 선호할 수밖에 없습니다. 그래서 다른 물건에 비해 시세도 1,000~3,000만 원 정도로 높게 형성돼 있습니다.

무허가주택에는 어떠한 장점이 있는지 살펴보겠습니다.

첫 번째, 4.4~4.6%의 취등록세입니다.

다주택자들에게는 취등록세 중과로 조정지역 이상 지역에서 2주택은 8%, 3주택 이상은 12%입니다. 무허가주택은 주택 수에 상관없이 4.4~4.6%이니 상대적으로 저렴해 보이겠죠.

두 번째, 낮은 공시지가로 인해 보유세가 저렴합니다.

2주택 이상 보유한 사람들은 2020년 종부세를 받아 보고는 깜짝 놀랐을 겁니다. 그런데 2021년에는 재산세 및 종부세가 더 올라간다는 사실!

반면에 무허가주택은 국공유지나 시유지에 있는 건물이기에 공시지가가 매우 낮습니다. 제가 보유하고 있는 물건 중 하나가 무허가주택인데 일 년 재산세가 2,422원입니다. 정말 저렴하죠! 따라서 무허가주택 입주권을 10채 보유하더라도 큰 부담은 없습니다. 대신 자산

공사나 시에 내야 하는 토지점유 대부료가 있습니다. 점유하는 면적에 따라 일 년에 20~70만 원의 사용료를 납부해야 합니다.

세 번째, 비례율 하락이라는 리스크가 매우 낮습니다.

감정평가금액이 많아야 2,000~3,000만 원이고, 보통은 1,000만 원 내외가 나옵니다. 만약 사업진행이 더디거나 여러 가지 리스크로 인해 비례율이 하락하더라도 부담해야 하는 비용은 극히 낮다는 장점이 있죠. 비례율이 10% 떨어지더라도 감정평가금액이 낮기 때문에 100~300만 원만 부담하면 되는 장점이 있습니다.

네 번째, 초기투자금액이 낮아 거래가 비교적 원활합니다.

감정가가 낮다 보니 거래금액이 거의 다 프리미엄이라고 보면 됩니다. 아무래도 빌라나 단독에 비해 초기투자금액이 낮다 보니 향후 시세가 오르더라도 다른 매물에 비해 거래가 잘 되는 편입니다.

예) 감정가 500만 원+ P2억 원= 2억 500만 원 시세

물론 무허가주택의 단점도 있습니다.

무주택자들에게는 1.1%의 취등록세에 비해 4.4~4.6%는 부담스럽긴 하죠. 초기투자금액이 낮다 보니 프리미엄이 다른 매물에 비해 다소 비쌉니다. 또한 높은 일반분양가를 설정해 일반분양이 성공리에 끝났다고 한다면 추가 수입이 생겨서 일부분은 조합원들에게 비례

율로 돌려주게 됩니다. 비례율이 기존 100%에서 120%로 상승한다면 감평가가 1억 원인 경우 2,000만 원의 환급금이 생기지만 감평가 500만 원인 뚜껑 물건은 환급금이 거의 없게 되죠. 그리고 국유지나 시유지에 있는 뚜껑 물건은 토지사용료를 지불해야 합니다. 무허가주택은 처음부터 허가 없이 사용하는 경우가 대부분이라 별도의 사용계약은 하지 않아 관리처분 후나 철거 시 한국자산공사에서 토지사용료를 한꺼번에 징수합니다. 토지계약을 한 경우에는 매년 토지사용료를 지불하게 되는데 보통 토지 공시지가를 기준으로 합니다.

현재 토지를 점유하고 있는 조합원에게 우선 토지불하(拂下)권(해당 토지를 소유하고 있는 정부나 시로부터 구매할 수 있는 권리)을 주고, 감정평가금액으로 국유지와 시유지에 따라 10~20년 분할 또는 일시상환이 가능합니다. 물론 불하를 안 받아도 됩니다. 장기적으로 시세 상승이 예상돼 투자 가치가 있다고 판단되면 토지를 불하받고, 단기로 투자하거나 가치가 없다고 판단되면 토지불하를 포기하면 됩니다.

마지막으로 감정평가금액이 거의 없거나 낮기 때문에 조합원분양 신청 시 평형 선택에서 후순위로 밀릴 가능성이 높습니다. 최근에는 $84\,m^2$ 선호도가 높기 때문에 감정평가금액이 낮은 무허가는 $59\,m^2$으로 밀릴 가능성이 높습니다.

서울은 무허가확인원을, 경기도나 지방은 재산세과세대장 또는 점유대부계약서, 항공 사진을 꼭 확인해 입주권 가능 여부를 체크해야

재산세 과세내역 확인하기

합니다. 간혹 이러한 서류가 없는 조합원은 현금청산자로 분류되는 경우도 있기 때문입니다. 또한 신규 매수할 때 매도자가 토지사용료를 완납했는지도 체크하길 바랍니다. 이 부분을 놓친다면 지금까지 밀린 토지사용료 폭탄을 대신 맞을 수도 있습니다.

도로 투자하기

재개발 구역 내에는 주택이나 상가 이외에도 나대지(지상에 건축물 등이 없는 대지)나 도로 매물도 종종 있습니다.

'도로도 입주권이 나오나요?' 10여 년 전 저도 처음 이런 매물을 접했을 때 깜짝 놀랐습니다. 부동산 중개사가 사기 치는 것은 아닌가 의심했는데 도정법을 찾아보니 도로도 진짜 입주권이 나오더군요. 다만 무조건 입주권을 주는 것이 아니라 일정 조건을 갖춰야 부여됩니다.

그리고 도로는 토지이기 때문에 취등록세가 4.6%로 중과세가 적용되지 않고 주택 수에도 포함되지 않는 장점이 있어 다주택자나 일반 투자자들 사이에서 무허가주택과 함께 인기가 매우 높습니다. 사실 현장에서는 도로 매물을 찾기가 어려울 정도로 희귀합니다.

그럼 입주권이 가능한 도로에는 어떠한 조건이 있는지 살펴보겠습니다.

자격요건(서울시 기준)

1. 면적 기준

1) 30㎡ 미만의 과소필지는 현금청산 대상

2) 30~90㎡ 미만은 무주택자만 입주권 가능

(사업시행인가 고시일부터 공사가 완료되는 시점까지 세대주를 포함한 전 세대원 무주택 유지 필수)

3) 90㎡ 이상은 유주택자도 입주권 가능

2. 도로의 현황 기준

1) 지목과 현황이 모두 도로이면 분양자격 없음

2) 지목이 대지 현황이 도로이면 분양자격 있음

3) 지목이 도로 현황이 대지이면 분양자격 있음

4) 90㎡ 이상은 지목과 현황 상관없이 분양자격 있음

3. 공유지분

2003.12.30. 이전에 분할된 토지만 분양자격 있음

$30\sim90㎡$ 미만은 도로 지분 여러 개를 합산해도 가능하지만 1필지가 최소 $30㎡$ 이상의 도로여야 합니다. 그리고 사업시행인가일부터 공사완료 시점까지 세대주를 포함한 전 세대원이 무주택을 유지해야 합니다.

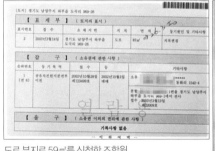

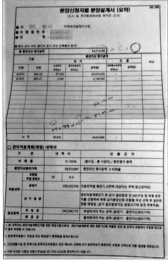

도로 부지로 59㎡를 신청한 조합원

    예를 들어 중간에 매도하고 소유권이 여러 번 바뀐 경우, 거쳐 간 소유권자 중 한 사람이라도 유주택자가 있으면 조합원 입주권 지위를 상실하기 때문에 조심해야 합니다.

    감정평가금액은 사도(사적인 대지의 일부분을 도로로 사용하는 사설도로)의 경우 보통 대지 시가의 30% 선에서 평가가 이루어지기 때문에 매수 시 주변 시세를 확인할 필요가 있습니다. 잘 모르고 매수할 경우 낮은 감정평가로 시세보다 비싸게 살 수도 있습니다.

    공도(국민 일반의 공공적인 목적으로 만든 도로로 국가의 관리재산)는 주변 대지와 비슷하게 시세를 보상받을 수 있지만 사실 공도 매물이 많지 않기 때문에 현장에서 매물을 찾기란 상당히 어렵습니다.

관리처분계획인가 이후 이주 시점에는 이주비 대출이 나오는 구역도 있고 나오지 않는 구역도 있기에 사전에 조합에 문의하는 게 좋습니다. 이런 도로 매물은 예전 빌라분양업자들이 큰 단독이나 다가구를 여러 채 사들여서 빌라를 지어 분양한 후에 남은 도로지분을 보유하고 있는 경우가 많습니다. 분양업자들을 잘 아는 부동산을 통하면 운이 좋을 경우 도로 지분의 매물을 찾을 수 있습니다.

상가 투자하기

일반적으로 상가라고 하면 노후를 위해 월세 수익을 바라는 투자처라고 생각하기 쉬운데 재개발 구역 내에 있는 상가는 입주권이 나옵니다. 상가 소유주들은 상가로 받는 것이 원칙이지만 상가의 감정평가금액이 아파트 평형별 조합원분양가보다 크면 아파트로도 신청이 가능합니다. 만약 아파트를 신청할 수 있다면 큰 상가를 매수하는 게 주택을 매수하는 것보다 평당 매수가격이 더 낮기 때문에 이득입니다. 하지만 상가는 위치에 따라 감정평가금액의 차이가 많이 나기 때문에 고려해야 할 사항이 주택에 비해 더 많습니다.

최근에는 재개발 구역 내에 상가가 많으면 재개발 사업 자체를 반대하는 조합원이 많아 사업진행이 지연되는 리스크가 있습니다. 그래서 조합에서는 상가 소유주들에게도 대부분 아파트 신청을 해 주는 조건으로 사업진행 동의를 받기도 합니다.

상가 투자는 어떠한 장점이 있을까요?

첫 번째는 취등록세가 4.6%로 중과세 배제되기 때문에 다주택자들에게 인기가 많습니다.

두 번째는 주택이 아니기 때문에 현재 주택담보대출이 있더라도 상가 대출이 별도로 가능합니다. 지금처럼 대출 규제가 심한 상황에서 추가 대출이 가능한 점은 엄청난 혜택입니다.

세 번째는 주택이 아닌 상가이기 때문에 매도 시점에서 양도세 중과가 안 되는 장점이 있습니다. 다만 관리처분인가가 고시되면 입주권으로 변하기 때문에 주택 수에 포함됩니다. 만약 1주택과 1입주권을 보유하고 있는 경우 주택을 먼저 매도하면 양도세 중과가 되지만 2년 이상 보유한 입주권을 먼저 매도하면 일반세율을 받을 수 있습니다.

네 번째는 상가의 보유세는 별도로 있지만 주택 수에 합산이 안 되기 때문에 종부세 과세대상이 아닙니다. 상가도 과세대상이 있긴 하지만 공시가격이 80억 원이 넘는 상가를 보유한 사람은 드물기 때문에 일반 사람들은 종부세 걱정을 하지 않아도 됩니다.

그러면 상가의 분양자격을 살펴보겠습니다.

상가 종류	내용
1. 일반상가(집합건물)	호별 소유주가 다른 경우
2. 상가건물(단독상가건물)	건물 전체가 상가 1인 소유
3. 상가주택	주택과 상가로 구성 1인 소유
4. 주거용 근린생활시설	근생이나 실제 주거용
5. 기타	종교시설 등인 기타 근생

여기서 주의할 상가는 바로 주거용 근린생활시설입니다. 흔히 '근생'이라고 이야기하는 상가인데 원래는 주거지역에 필요한 '생활업종'을 입점시키기 위해 만든 것입니다. 하지만 현실에서는 법적 성격은 상가이지만 주거용 주택으로 사용하는 근생이 많습니다. 특히 재개발 구역 내의 근생은 기준일과 조건에 따라 입주권이 나오기도 하고 안 나오기도 합니다.

서울시의 경우 2008년 7월 30일 이전에 존재하고,
사실상 주거용으로 사용하고, 구역지정이 된 재개발 구역 내에서는
주택 보유 유무에 상관없이 입주권 부여.

2008년 7월 30일 이후 구역지정이 된 재개발 구역 내의 근생은
구역지정일부터 조합원 분양신청 시까지 전 세대원 무주택 조건 유지 시
입주권 부여.

신조례 적용 2011년 5월 26일 이후부터 정비구역 공람이 이루어진
구역에서는 현금청산.

그리고 2011년 5월 26일 신조례 적용부터는 정비구역 공람이 이루어진 구역의 근생을 보유한 사람은 현금청산자로 분류되기 때문에 매수 시에 꼭 확인해야 합니다. 최근에는 정부에서 공공재개발을 진행함에 있어 이런 근생들도 입주권을 준다고 발표해 가격이 오르고 있지만 다시 어떻게 변경될지 모르기 때문에 주의해야 합니다. 또한 서울을 제외한 경기도나 타 지역은 지자체 도정법 조례 또는 조합의 정관에 따라 근생의 입주권 자격이 다릅니다. 일반분양분이 많은 재개발 조합에서는 근생 소유자들도 입주권 자격을 주기 때문에 조합에 가장 먼저 확인해 보는 것을 권합니다.

서울 '협동주택'

지방과 수도권에는 없는 서울에만 존재하는 특이한 주택이 있습니다. 그 이름은 바로 협동주택! 협동주택? 이름부터 뭔가 요상하죠?

협동주택이란 1970년대 초 서울시는 나날이 늘어나는 유입인구에 비해 턱없이 부족한 기반시설(도로, 공원 등)과 주택 공급 확충의 두 마리 토끼를 잡기 위한 일환으로 1974년도에 제정해 만든 공동주택입니다.

마포구의 협동주택

「서울특별시 주택개량재개발사업 시행 조례」
제4조 제2항 "주택을 건축하는 경우에는 구획 및 건축계획에 적합한 4가구
이상 입체화 된 협동주택으로 건축함을 원칙으로 한다.
이 경우 협동주택은 단독주택에 준하여 관계 법규를 적용한다.

그런데 분명 공동주택인데 단독주택으로 적용한다니 아리송합니
다. 이는 4가구 이상의 독립 주거주택임에도 단독주택이라는 이유로
재개발과 재건축 사업에서 말도 많고 탈도 많은 주인공입니다.
협동주택의 외관은 다세대나 다가구와 비슷하게 보입니다. 그래서
외관으로는 구분하기가 상당히 어렵습니다. 그러면 어떻게 알 수 있

협동주택 등기부등본

을까요? 바로 등기부등본을 보면 알 수 있습니다. 표제부에는 집합건물로 나와 있으며, 건물 내역에 협동주택이라고 정확하게 표기돼 있습니다.

그런데 또 하나 재미있는 부분이 공유지분임에도 불구하고 대지지분이 전혀 없는 세대가 존재합니다. 예를 들어 4가구 중 1가구가 토지를 전부 소유하고 있으며, 건물만 4가구가 공유지분으로 가지고 있는 경우도 있습니다. 일반적인 집합건물에서는 볼 수 없는 내용이죠. 합법적으로 건축 허가를 받았으나 조례 이후에 구분등기를 한 세대들이 공유지분이라는 쟁점으로 정비사업 내에서 조합과 또는 조합원들과의 입주권 소송과 다툼이 끊이지 않아 2015년 5월 14일에 협동주택에 대한 서울시 조례가 일부 개정됐습니다. 예전 1988년 5월 17일이전 구분등기를 필한 세대만 입주권을 부여한다는 내용에서 시기에 상관없이 구분소유등기를 필한 세대는 입주권을 준다는 개정 내용입니다.

서울시 조례 제5924호 2015.5.14. 일부개정 협동주택 부칙

□ 부칙〈제4768호, 2009.4.22.〉

제1조(시행일) 이 조례는 공포한 날부터 시행한다.

제2조(단독주택 재건축사업의 분양대상 등에 관한 적용례)

①제24조의2 제2항제1호의 개정규정은 이 조례 시행후 다세대주택으로 전환한 분부터 적용한다.

②제24조의2 제2항제2호에 따른 세대의 기준은 2009년 8월7일 이후 최초 조합설립인가를 얻은 분부터 적용한다.

③제24조의2 제2항제4호의 개정규정은 이 조례 시행후 최초로 건축허가를 신청하는 분부터 적용한다.

제3조(협동주택의 분양기준에 관한 경과조치 등)

①제27조제2항제3호와 제28조제2항제3호에 불하고 종전 「서울특별시주택개량재개발사업시행조례」 제4조제2항에 따라 건축된 협동주택으로서 지분 또는 구분등기를 필한 세대는 사실상 구분된 가구수에 한하여 각각 1인을 분양대상자로 한다〈개정2015.5.14.〉

②제1항의 개정규정은 이 조례 시행 당시 최초로 조합설립인가를 신청하는 분부터 적용한다.

정말 다행이죠. 이로써 협동주택 소유주들의 재산권을 보호받게 됐습니다.

협동주택을 매수할 때 몇 가지 주의할 점이 있습니다.

최초 건축 허가를 받을 때 층을 합쳐 호별로 받은 가구 수를 확인해야 합니다. 예를 들어 1층 1호 2호, 2층 1호 2호로 총 4가구 허가를 받았는데 현재 사용하는 가구 수는 1층 1호 2호 3호, 2층 1호 2호 3호로 6가구일 때, 1층 3호와 2층 3호는 입주권이 나오지 않습니다. 그리고 입주권은 4가구가 다 나오더라도 단독주택으로 분류돼 있기 때문에 의결권은 대표자 한 가구로 정해 놓은 재개발 조합들이 많습니다. 그래서 본인이 대표자가 아닐 경우 의결권이 없다는 점을 유의해야 합니다.

마지막으로 공유지분으로 돼 있기 때문에 매수 시 담보대출 실행이 안 됩니다. 대출을 실행하려면 다른 공유자의 동의를 얻어야 하는데 현실적으로 거의 불가능하다고 보면 됩니다.

Chapter 6

재개발 심화
: 리스크 관리하며 투자하자

사업 속도 리스크

지금까지는 재개발 투자의 긍정적인 면을 말씀드렸지만 사실 재개발 사업에는 여러 가지 리스크가 존재합니다. 여러분이 생각하는 가장 큰 리스크는 무엇인가요?

네, 맞습니다. 바로 사업 지연입니다. 여러 이유 중에서도 예상보다 길어지는 사업 속도가 조합원들을 가장 힘들게 합니다.

보통 정비구역지정부터 준공까지 10년 정도의 사업기간이 필요하다고 합니다. 그럼 과연 10년 만에 사업이 완료될까요? 물론 가능한 사업장도 있겠지만 대부분의 재개발 사업장은 빠르면 15년, 늦으면 20년 이상 소요되는 곳도 부지기수입니다.

[일반적인 재건축·재개발 단계별 소요기간] 출처: 서울시 정비사업

재건축·재개발 사업단계별 평균 소요기간 8.7년

정비구역지정 → 1.0년 → 조합설립인가 → 2.2년 → 사업시행인가 → 1.5년 → 관리처분인가 → 1.2년 → 착공 → 2.8년 → 준공

※ 2000년 이후 서울에서 구역지정 통과된 545개 재개발·재건축 사업장 대상

재건축 평균 소요기간 9.7년

정비구역지정 → 1.2년 → 조합설립인가 → 3.1년 → 사업시행인가 → 1.4년 → 관리처분인가 → 1.4년 → 착공 → 2.6년 → 준공

※ 2000년 이후 서울에서 구역지정 통과된 163개 재건축 사업장 대상

재개발 평균 소요기간 8.1년

정비구역지정 → 0.9년 → 조합설립인가 → 1.8년 → 사업시행인가 → 1.5년 → 관리처분인가 → 1.1년 → 착공 → 2.8년 → 준공

※ 2000년 이후 서울에서 구역지정 통과된 382개 재개발 사업장 대상

2008년 마포 아현뉴타운을 임장하다가 염리3구역을 매수하고 싶어 인근 부동산을 방문했습니다. 괜찮은 매물을 소개받아 결국 계약서에 도장을 찍었는데 그때 부동산 중개사는 "앞으로 5~6년이면 입주할 수 있어요. 걱정하지 마시고 열심히 추가 부담금 모아 두세요"라고 하더군요. 13년이 지난 지금도 생생하게 기억에 남습니다. 결국에는 예상보다 7~8년 늦어진 2021년 3월에 준공돼 입주할 수 있었습니다. 이처럼 재개발 사업 속도는 다양한 변수 때문에 정말 예측하기 어렵습니다.

2008년 같은 시기에 회사 선배는 염리3구역보다 1~2년 사업단계가 앞서 있는 북아현3구역을 매수했지만 13년이 지난 지금도 사업진행이 더디게 진행되고 있어 입주까지는 아직도 먼 이야기라며 재개발의 '재'라는 단어만 나와도 싫어합니다. 그 선배와 가끔 술자리에서 "이번 생에는 틀렸어. 우리 아들이나 입주하겠어"라는 농담을 자주 했는데 어쩌면 그 말이 현실이 될 수도 있는 것이 바로 재개발 투자입니다. 이러한 이유로 재개발 투자는 정말 보수적으로 접근하는 것이 정신건강에도 좋습니다. '언제 입주하지?'만 기다리다가는 어느새 10년이나 늙어 버린 자신을 보게 될 수도 있으니까요.

사업 지연 리스크

'사리' 하면 우리는 부처님 사리를 가장 먼저 떠올립니다. 사리는 불교에서 참된 수행과 인내로 생기는 구슬 모양의 유골을 이르는데, 재개발 투자도 마찬가지로 10년 이상 기다리다 보면 많은 고행과 지침 그리고 스트레스로 거의 반부처가 될 지경이라고 하죠. 저 또한 15년째 재개발 투자를 하다 보니 제 몸에 사리 몇 개는 있지 않을까 하는 생각을 하곤 합니다.

재개발 투자를 하다 보면 생각지도 못한 다양한 리스크가 등장합니다. 중간에 조합장도 바뀌고, 비용은 증가되고, 사업 속도는 늦어져서 조합원들은 지친 나머지 중간에 매도하거나 아니면 자녀 몫으로 남겨 두고 자포자기하게 됩니다. 언젠가 신축 아파트에 입주하겠다는 설렘으로 시작한 투자가 마음고생을 동반하는 경우가 많은 것이죠.

그러면 실제 어떠한 이유 때문에 사업이 지연되는지 살펴보겠습니다.

① 시공사 변경

청량리7구역
2007.09.06 정비구역지정
2007.12.16 조합설립
2009.04.02 사업시행인가
2020.04.23 관리처분인가

구역지정부터 관리처분인가
소요기간 13년!

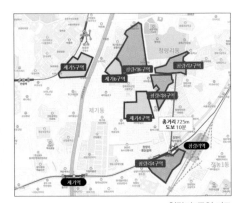

청량리7구역 지도

2007년 9월에 정비구역이 지정된 동대문구 청량리 7구역은 같은 해 조합설립까지 마쳤습니다. 2년 뒤 바로 사업시행인가 고시가 나서 정상적인 속도로 사업이 진행되는 것 같아 보였습니다. 그런데 GS건설이 시공사로 선정됐지만 금융위기로 인해 사업이 부진하고, 주변 시세와 비교해 사업성이 떨어진다는 판단으로 GS건설이 철수하는 사태에 이르렀습니다. 시공사 부재와 사업 지연이라는 리스크로 힘든 시기를 보낸 조합은 몇 년 전에 롯데건설을 새로운 시공사로 선정하고, 2020년에 이르러서야 관리처분인가를 받았습니다. 지금은 조합

청량리7구역 이전 모습(위)
청량리7구역 조감도(아래)

원들의 협조로 이주를 마무리 짓고 있지만 이미 오랜 사업기간으로
인해 지친 원조합원들은 매도하고 떠난 상태입니다. 이는 구역지정부
터 관리처분계획인가까지 13년이나 소요되고, 이주 및 철거와 착공
시간을 고려한다면 입주까지는 무려 18년 이상 걸린 셈입니다.

② 조합원의 소송과 조합설립 무효 판결

제기4구역
2005.12 정비구역지정
2007.09 사업시행인가
2009.10 관리처분인가
2013.05 조합설립 무효 판결
2019.03 사업시행인가
구역지정부터 사업시행까지
14년!

제기4구역 지도

1호선 청량리역에서 도보로 5분 거리에 제기4구역이 있습니다. 청량리역 주변에서 가장 입지가 좋은 이곳은 2005년 12월에 정비구역으로 지정돼 2007년 사업시행인가, 2009년 관리처분인가가 완료돼 순조롭게 사업이 진행됐습니다. 이후 이주가 시작돼 절반 정도의 조합원들이 이주를 완료했지만 재개발을 반대하는 조합원들의 소송으로 인해 조합설립 무효 판결을 받게 됩니다. 이주까지 진행된 재개발 구역이 조합설립 무효 판결이라니! 조합원들과 조합은 패닉에 빠졌고, 사업 자체가 진전이 없게 되자 이주비 대출 이자도 조합원들이 부담하게 됐습니다. 심지어 조합장이 횡령 혐의로 구속되는 등의 우여곡절 끝에 조합원들은 신임 조합장을 선임해 조합 체제를 새롭게 정비하고, 2019년 사업시행인가를 다시 받습니다. 이곳은 여러 가지 리스크로 인해 정비구역지정부터 사업시행인가까지 14년이나 소요됐

절반 이상 이주가 완료된 제기4구역 모습(위)
제기4구역 조감도(아래)

습니다. 물론 이주가 절반 정도 진행됐기 때문에 향후 이주 시 시간을
절감할 수는 있지만, 관리처분인가 그리고 이주 및 철거와 착공 시간
을 고려한다면 입주까지 약 20년 정도 걸리는 셈입니다.

③ 이주 거부

아현2구역

이주 기간 예정

2016.6.30~2016.12.30

(6개월)

실제 이주 및 철거 기간

2016.6.30~2019.7.30

(37개월)

아현2구역 지도

사업 지연 원인에는 다양한 요인이 있지만 이주 시점에서 현금청산자나 세입자들이 이주를 거부해 늦어지는 경우도 있습니다. 이미 조합원들에게 이주비 대출을 실행했기 때문에 이주가 늦어질수록 조합 입장에서는 이자 비용도 늘어나 전체적인 사업 비용이 증가하게 됩니다. 아현2구역도 다른 구역들과 마찬가지로 6개월 정도의 이주 기간을 설정했으나 일부 현금청산자들과 세입자들이 이주를 거부하고 심지어 세입자 중 한 명이 극단적인 선택을 함으로써 예상보다 2년 가까이 늦어져 조합원들의 애를 태우기도 했습니다. 이처럼 관리처분계획인가 이후 8부 능선을 지났다고 안심했지만 이주 및 철거 문제로 사업이 늦어질 수도 있습니다.

지역주택조합 리스크

신축에 대한 수요가 많다 보니 고가점자를 제외한 많은 사람들이 청약이 아닌 다른 경로를 찾기도 합니다. 그중에 하나가 바로 지역주택조합(이하 지주택으로 명시)입니다.

'지역주택조합'이라는 원래의 의의는 너무 좋습니다. 지주택은 거품을 빼고 조합원들의 이익을 우선시하는 원가아파트를 제공하는 사업으로 실제로 지주택 사업장의 분양가는 주변 시세에 비해 정말 착합니다. 투자자들이라면 정말 혹할 정도의 낮은 분양가로 많은 무주택자들을 유혹합니다.

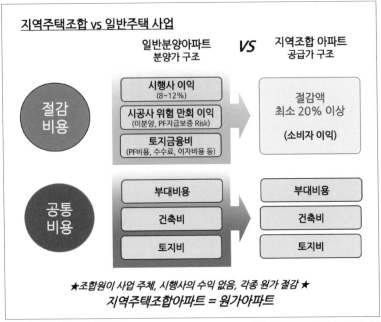

지역주택조합 아파트의 사업구조   출처: 서울 동작구 모구역 지역주택조합 광고

다만 지주택은 사업진행만 잘 된다면 큰 문제는 없지만 실제 사업 진행이 잘 안 된다는 게 문제입니다. 사업진행이 안 되면 분양가가 아무리 낮더라도 무슨 의미가 있을까요? 지주택 조합에서 항상 강조하는 부분은 '토지수용 90% 이상'이라는 문구입니다. 그런데 문제는 나머지 10%의 토지수용을 못해서 착공시기가 점점 늦어진다는 점입니다. 착공시기가 늦어질수록 조합원들의 추가 부담금과 고통은 계속 늘 수밖에 없습니다.

물론 지주택이 성공한 사례도 있습니다. 서울만 보더라도 아래와

지역주택조합 사업진행 단계   출처: 부동산114

같이 성공한 사례가 분명 있습니다. 하지만 문제는 최초의 조합원분양가로 입주한 곳은 거의 없다는 점이죠. 조합원들은 사업 지연으로 상당한 금액의 추가 부담금을 지불함과 함께 마음고생이 얼마나 심했을지는 짐작조차 힘듭니다.

그나마 최근에 사업진행이 잘 된 곳이 늘어 입주까지 성공한 구역이 전체 구역 중 10% 미만입니다. 그러면 과거에는 5%도 채 안 됐다는 이야기죠. 이래서 지주택은 '원수에게나 추천하는 투자'라는 말이 나왔나 봅니다.

서울 지역 지주택 입주 성공 사례
서울 상도역 더샵 (1,122세대)
서울 강서구 우장산 롯데캐슬 (1,164세대)
서울 장승배기역 효성해링턴플레이스 (1,160세대)
서울 숭실대입구역 엠코타운 센트럴파크 (1,600세대)
서울 숭실대입구역 엠코타운 에스톤파크 (882세대)
서울 상도역 두산위브 트래지움 (582세대)

시공사 리스크

우리가 흔히 말하는 '남의 편'이라는 존재가 재개발 사업에도 있습니다. 일반적으로 사업시행인가 전후에 시공사를 정하면 조합원들은 흥분하기 시작합니다. 특히 시공사가 대기업 건설사라면 조합원들은 시공사가 모든 것을 해 줄 것 같은 기대감으로 한층 더 부풀게 되죠. 그런데 막상 재개발 사업을 하다 보면 시공사라는 존재가 정말 조합과 조합원을 위한 것인지, 아니면 자신들의 실속만 차리는 것인지 구분하기 어려워집니다.

시공사 선정 시에는 경쟁 입찰로 인해 공사비 인상 없이 모든 것을 다 해 줄 듯 했는데, 막상 본계약 시에는 갖가지 이유를 대서 공사비를 올리는 것은 기본이고, 심지어 공사가 한창 진행되는 와중에 아무

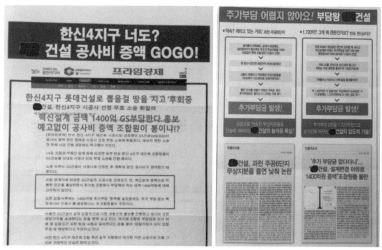

시공사의 과도한 공사비 인상으로 고통 받는 재개발·재건축 구역

런 이유 없이 공사비 인상을 요구하거나 사업 지연을 내세워 반협박을 하기도 합니다. 다행히 조합에 자금 여유가 있다면 어느 정도의 공사비 인상은 조합원들이 감내할 수 있지만, 그렇지 않다면 모 구역처럼 1,000억 원이 넘는 인상을 요구할 경우 조합원 1인당 수천만 원의 추가 부담금이 생기게 됩니다.

대기업 건설사의 횡포가 어제오늘 일은 아니지만 입주만을 오랜 시간 손꼽아 기다리는 조합원 입장에서는 큰 고통으로 다가옵니다.

이런 결과가 나오는 이유는 무엇일까요?

분명 대부분 조합장이나 조합에서 시공사에 끌려갈 수밖에 없는 원인을 제공했을 것입니다. 일반적으로는 재개발 사업에 필요한 비용이 아닌 별도의 금품을 받았다거나 그 이외의 부정거래가 있는 경우 조합과 시공사 사이의 '갑'과 '을'의 위치가 바뀌게 되는데요. 조합 또는 조합장의 비리 행위로 인해 조합원들이 안게 되는 손해는 예상보다 클 수 있습니다. 그렇기 때문에 조합원들은 사업진행에 적극적인 참여와 감시가 필요합니다. '대기업 시공사가 선정됐으니 알아서 고급스러운 아파트를 지어 주겠지'라는 안일한 생각만 가지고 무관심으로 대응한다면 결국 이러한 결과를 초래하게 됩니다.

저는 개인적으로 '조합장의 탐욕', '조합원의 무관심', '조합의 무능함'이 재개발 사업을 망치는 3대 악이라고 생각합니다. 그렇기에 여러분에게 당부하고 싶은 이야기는 언젠가 어느 구역의 조합원이 된다면 항상 적극적인 참여야말로 자신의 재산을 보호하는 것임을 기억해야 한다는 점입니다.

부실과 하자 리스크

대기업 브랜드의 신축 아파트 입주를 앞두고 있다면 그 설렘은 정말 이루 말할 수 없겠죠. 그런데 재개발 투자를 한지 십여 년 만에 입주하는 신축 아파트에서 여러 가지 부실시공과 하자를 발견한다면 실망 또한 클 것입니다.

신축 아파트에 입주 시 항상 겪게 되는 하자 보수 처리. 사실 사람이 하는 일이라 실수가 생길 수밖에 없습니다. 최첨단 전자 장비를 갖춘 기계가 만드는 제품도 하자가 생기는데 하물며 수백여 명의 사람이 함께 짓는 건축물은 오죽할까요. 아무리 노련한 기술자들이 일한다고 해도 처음의 설계대로, 계획대로 완공되는 아파트는 거의 없다고 관계자들 역시 이야기합니다. 다만 인부들이 하는 크고 작은 실수들이 어느 정도냐에 따라 부실시공 또는 하자로 결정된다고 합니다. 공사현장을 가 보면 수많은 외국인 근로자들이 건축에 투입되기 때문에 의사소통의 부재와 숙련되지 않은 기술로 아파트는 결함이 많을 수밖에 없습니다.

부실시공과 하자는 여러 가지 이유가 있겠지만 숙련된 인력 수급의 불균형, 하청업체와 재하청업체의 단가 후려치기 그리고 원재료와 전혀 다른 저렴한 건축자재 및 내·외 마감재 사용 등을 들 수 있습니다. 그럼 대기업 시공사들은 다를까요? 아파트 브랜드명만 내세워 소비자를 유혹하고, 갖은 상술로 높은 분양가를 만들기에 소비자의 만족도는 한참 낮은 경우가 부지기수입니다. 실제 우리나라 10대 건설사들의 벌점부과 현황이나 하자로 인해 입주민과의 소송건수를 보면 생각보다 심각한 정도입니다.

[10대 건설사 벌점현황] 출처: 키스콘, 부동산114

건설사	벌점부과횟수	누계벌점
삼성물산	8회	0.59점
현대건설	13회	0.18점
대림산업	11회	0.15점
대우건설	6회	0.1점
GS건설	6회	0.12점
현대엔지니어링	5회	0.12점
포스코건설	9회	0.17점
롯데건설	4회	0.11점
SK건설	2회	0.08점
HDC현대산업개발	0회	0점

* 시공능력평가 상위 업체 순, 산정기간 2017~2018년 말

[하자 등으로 인한 입주민과 소송건수]

회사명	소송액수(억 원)	건수(건)
삼성물산	0	0
현대건설	163	6
대림산업	208	9
대우건설	254	8
GS건설	152	3
현대엔지니어링	0	0
포스코건설	30	1
롯데건설	0	0
SK건설	0	0
현대산업개발	159	10
	966	37

* 2018년도 반기보고서   출처: 부동산114

어차피 부실시공이나 하자가 불가피한 것이라면, 조합원을 포함한 입주민 입장에서는 시행사나 시공사에 보수·처리를 적극적으로 요구하는 게 유일한 방법입니다. 하지만 현실적으로는 중대한 부실시공이나 하자를 발견하더라도 시공사는 인정하지 않고 책임을 회피하는 경우가 다반사이고, 보수는 땜질식의 형식적인 대처뿐일 때가 많습니다.

입주민 입장에서 가장 좋은 대처 방법은 입주자대표회의 또는 입주예정자협의회 차원에서 시공사 등의 사업주체와 원만한 합의를 보거나, 입주민·입주예정자들이 AS팀에 하자 보수·처리를 요구하는 것입니다. 입주민 스스로가 일회성이 아닌 지속적이고 적극적으로 하자 보수·처리를 요구해야 먼저 서비스를 제공받을 가능성이 높습니다.

조용하게 넘어가는 입주민에게는 안일한 대처를 하지만 적극적으로 불만을 제기하는 입주민에게는 신속한 하자 보수·처리가 진행되는 모습을 쉽게 볼 수 있습니다. 최악의 경우에는 법적 소송 다툼까지 가야 하겠지만 승소하더라도 입주민에게 돌아오는 것은 그리 크지 않기 때문에 서로 타협점을 찾는 게 가장 합리적인 방법입니다.

또한 가장 중요한 것은 부실시공이나 하자로 의심되는 부분을 발견하면 바로 사진 또는 동영상 촬영으로 증거 수집을 해야 한다는 점입니다. 그리고 하자 보수를 요청하면서 시공사의 하자 보수 관계자 또는 이를 관장하는 시나 구청 담당 공무원과의 대화 녹취나 문자를 남겨 두는 것도 나중에 있을 일을 대비해서 꼭 필요합니다.

다행히도 국토교통부에서는 공동주택 입주예정자 사전 방문과 품질점검단 제도를 도입하는 주택법 개정안을 2021년 1월 25일부터 시행한다고 발표했습니다. 이에 따라 신축 공동주택은 입주자의 사전 방문과 전문가 품질점검을 거쳐 입주 전 보수공사 등의 적절한 조치를 받을 수 있게 됐습니다. 지역별 시·도는 주택건설 관련 전문성을 갖춘 건축사와 기술사, 대학교수 등으로 품질점검단을 구성해 300가구 이상의 공동주택 세대를 대상으로 입주를 앞둔 입주민들이 직접 점검하기 어려운 공용부분(주차장, 조경 등 단지 공용부분과 외벽, 주계단 등의 세대 공용부분)과 3세대 이상의 개별 목적의 전유부분(현관, 방, 거실, 욕실, 주방, 발코니 등)에 대한 공사 상태 등을 직접 점검한다고 하니 입주민에게는 반가운 소식입니다.

소유권보존등기 지연 리스크

36~40개월의 공사 끝에 드디어 기다리던 아파트에 입주 하게 됩니다. 그럼 바로 소유권보존등기가 나올까요? 정답 은 No입니다. 소유권보존등기는 보통 일 년 정도 지나면 나오지만 조 합의 내부 문제로 인해 예상보다 길어지기도 합니다.

한 사례로 마포구에 있는 공덕자이(아현4구역)는 2015년에 준공돼 입주했음에도 불구하고 2021년 현재까지(6월 기준) 소유권보존등기 가 나오지 않은 상태입니다. 무슨 이유 때문에 6년이 지난 지금까지 도 소유권보존등기가 나오지 않은 걸까요?

재개발 사업 당시 조합원분양신청을 하지 않았던 현금청산자들의 수용재결 무효 소송으로 대법원 판결이 나오기까지 상당한 시간이 소

아현4구역(공덕자이)
2015년 입주

현금청산자들의
수용재결 무효 소송
대법원 판결은
보상으로 양측 합의 권고

보상금 지급으로
비례율 7~10% 하락 예상

공덕자이

요됐기 때문입니다. 대법원의 판결은 조합과 현금청산자들의 합의를 종용해 보상하라는 내용이었습니다.

대법원 판결로 인한 보상금 지급으로 결국 기존 조합원들과 승계 조합원들은 비례율 하락이라는 손해를 감수해야 했습니다. 적게는 조합원 가구당 수백만 원에서 많게는 수천만 원의 손해를 보게 됐습니다.

행당두산위브(행당4구역)의 경우도 현금청산자인 상가소유자 조합원과의 소송 건으로 대법원 판결을 받을 때까지 약 8년의 시간이 소요됐고, 불광롯데캐슬(불광4구역) 또한 인근 5구역과 중학교 부지 분담금 문제로 소송에 휘말려 5년의 시간이 소요됐습니다. 전농래미안크레시티(전농7구역)와 서울역센트럴자이(만리2구역)도 토지소유주인 조합원들과의 소송 건으로 소유권보존등기가 예상보다 늦어졌습니다.

행당4구역(행당두산위브)-8년
불광4구역(불광롯데캐슬)-5년
전농7구역(전농래미안크레시티)-3년
만리2구역(서울역센트럴자이)-2017.8~미등기

이런 문제가 생기면 아파트 등기가 나지 않은 상태이기 때문에 실제 집주인과 서류상의 집주인이 달라 부동산 거래 시 매수인 또는 전세임차인이 기피하는 현상이 일어나고, 대출 실행이 어렵기 때문에 주변 시세에 비해 부동산 가격이 낮아지는 단점이 생깁니다.

이처럼 입주 이후에도 리스크가 생길 수 있다는 점을 꼭 기억하길 바랍니다.

조합원 지위 양도
제한 리스크

지난 2017년 8월 2일에 정부는 '실수요 보호와 단기투기 수요 억제를 토대로 한 주택안정화 방안'을 발표했습니다. 이 대책으로 투기과열지구 내에 재개발·재건축 조합원은 지위 양수·양도에 대한 제한을 받게 됐습니다. 지위 양도에 제한이 생겼다는 것은 매매가 불가능하다는 뜻입니다. 이 점을 모르고 매수했다가는 매도 계획에 차질이 생길 수 있기 때문에 조합원 지위 양도 제한에 대해 유의하고 투자 계획을 세워야 합니다.

먼저 재개발 조합원은 관리처분계획인가 이후부터 준공이 돼 보존 등기가 나오기 전까지 양수·양도가 금지됩니다. 그 기준일은 2018년

1월 24일로 이후 사업시행인가를 신청한 재개발 구역은 조합원 지위 양도 제한에 해당됩니다. 만약 최초 사업시행인가 신청이 2018년 1월 24일 이전이라면 조합원 지위 양수·양도 제한에서 자유롭기 때문에 언제라도 매매가 가능합니다. 여기서 기준일은 사업시행인가 고시가 아닌 최초 사업신행인가 신청일입니다. 그 기준일 이후 사업시행인가 고시나 변경을 하더라도 문제가 없습니다.

또 하나 주의해야 할 사항은 준공이 아니라 소유권보존등기 이후부터 매매가 가능하다는 점입니다. 일반적으로 소유권보존등기는 준공 이후 일 년 내에 나지만 조합원과의 소송이나 다른 문제가 생기면 수년이 걸리는 경우도 있습니다.

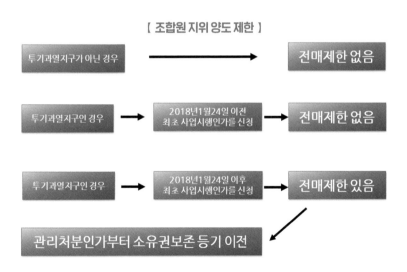

재건축 조합원은 재개발 조합원과 달리 조합설립 이후부터 준공이 돼 보존등기가 나오기 전까지 양수·양도가 금지됩니다. 조합설립부터 최소 10년 이상 재산권이 묶이게 되기 때문에 재개발 입주권 투자에 비해 더 신경 써야 합니다.

물론 재건축 조합원 지위 양도 제한의 예외 조건도 있습니다.

재건축 사업이 제대로 진행되지 않는 경우가 예외 조건에 해당합니다. 조합설립 이후 3년 내 사업시행인가 신청을 하지 않은 재건축 사업장에서 3년 이상 보유한 경우, 사업시행인가 이후 3년 내 착공을 하지 않은 재건축 사업장에서 3년 이상 보유한 경우입니다.

그 외에도 재개발·재건축 조합원의 아래 개인적인 조건을 갖추면 지위 양도가 가능한 조항도 있습니다.

1. 근무지, 생업, 질병 치료, 취학, 결혼, 이혼, 상속으로 인해 세대원 전원이 이사하는 경우
2. 세대원 전원이 해외로 이주하거나 2년 이상 해외에서 체류하는 경우
3. 국가 및 지자체, 금융기관 등에 의한 경매, 공매
4. 1세대 1주택자로 10년 이상 보유하고 5년 이상 거주한 경우

입주권의 가치는 시간이 갈수록 높아지고 있기 때문에 실제 이사를

가거나 해외를 나가더라도 매도하지 않고 그대로 보유하는 사람들이 많습니다. 때문에 현장에서는 이런 예외 조항으로 나오는 매물은 거의 없습니다. 어쩌다가 가끔 이혼이나 상속으로 인해 나오는 매물 또는 경매나 공매로 나오는 매물이 있긴 하지만 이 또한 거의 찾기 힘듭니다.

　새로 취임한 오세훈 서울시장은 최근 주택시장 안정화를 위해 재개발·재건축 정비구역의 조합원 지위 양도 제한 시점을 앞당기는 것이 필요하다는 의견을 제안했습니다.

　이는 개발이익을 노린 투기수요를 사전에 차단하기 위한 것인데 오세훈 시장의 의견을 국토교통부에서 적극적으로 반영해 2021년 6월 9일 '정비사업 조합원 지위 양도 제한시기 조기화에 대한 방안'을 발표했습니다.

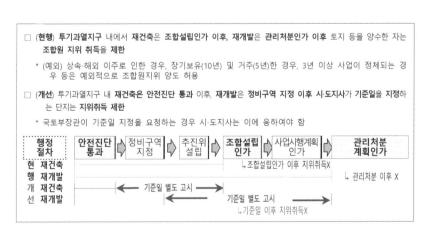

○ **(예외사유)** 기준일을 지정하는 경우에도 **사업이 장기 정체**될 경우 매물 잠김을 막기 위해 **예외적으로 조합원 지위 양도를 허용**할 필요

* ① 안전진단 통과일(안전진단 통과일 이후 정비계획 입안 전에 기준일을 정한 경우에는 기준일, 이하 같음)부터 2년 이상 정비계획 입안이 없는 경우
  ② 정비구역 지정일부터 2년 이상 추진위설립 신청이 없는 경우
  ③ 추진위설립일부터 2년 이상 조합설립 신청이 없는 경우

○ **(예외적용 제외)** 장기정체 등 예외사유에 해당하나, 사업추진 기대감이 높아져 **투기수요 유입**이 우려되는 경우, **지위취득**을 다시 **제한**할 필요

⇒ **토지거래허가구역'으로 지정된 재개발.재건축 구역**은 조합원 지위 양도 제한 **예외를 적용하지 아니**하여 **투기수요 유입 방지**

* 서울 토지거래허가구역 : 잠실동, 삼성동, 청담동, 대치동('20.6.23~'21.6.22)
  압구정, 여의도, 목동, 성수('21.4.27~'22.4.26)

출처: 국토교통부 보도자료

당장 2021년 9월부터 시행할 예정이라고 하는데 도계위(서울도시계획위원회)의 결정에 따라 도시정비법 법률의 적용범위가 정해질 것으로 예상합니다.

쉽게 정리해서 말씀드리면 투기과열지역 내 재건축 정비구역은 안전진단이 통과된 이후부터, 재개발 정비구역은 구역지정 받은 이후부터 조합원 지위 양도 제한이 된다는 의미이며, 시도지사가 특정 정비구역의 거래제한 날짜를 정하면 그때부터 조합원 지위 양도 제한이 되므로 유의해야 합니다.

여기서 중요한 부분이 "소급적용 여부"인데, 만약 소급적용이 안 된다면 기존 진행 중인 재건축, 재개발 정비구역의 몸값은 더 올라갈 것이며, 반대로 소급적용이 된다면 투기과열지역의 재건축·재개발 정비구역의 부동산 매매는 앞으로 어려워질 것으로 예상됩니다.

재당첨 5년 제한 리스크

2017년 8.2대책으로 투기과열지역 내 조합원 지위 양도 제한에 이어 재당첨 5년 제한도 새로 생겼습니다.

재당첨 제한은 투기과열지역 내에 있는 정비사업의 조합원분양 또는 일반분양에 당첨된 세대에 속한 사람이 5년 안에 다시 투기과열지역 내에 있는 분양을 받지 못한다는 뜻입니다.

정확히 이야기하면 재개발·재건축 정비사업 내의 일반분양은 분양대상자 선정일(분양공고 후 당첨일)부터, 조합원분양은 최초 관리처분계획인가일로부터 5년 안에 분양신청 자체를 할 수 없다는 의미입니다.

재개발 조합원은 사업시행인가 이후 조합원분양신청이 불가하고 일반분양의 청약신청을 할 수 없습니다. 다만 상속, 결혼, 이혼으로 조합원 자격을 취득한 경우에는 분양신청이 가능합니다.

[5년 내 재당첨 제한]

당첨 요건
정비사업 일반분양
정비사업 일반분양
정비사업 조합원분양
정비사업 조합원분양

재당첨 대상
정비사업 일반분양
정비사업 조합원분양
정비사업 일반분양
정비사업 조합원분양

제72조(분양공고 및 분양신청) ⑥투기과열지구의 정비사업에서 관리처분계획에 따라 분양대상자 및 그 세대에 속한자는 분양대상자 선정일부터 5년 이내에 투기과열지구에서 분양신청을 할 수 없다. 다만 상속, 결혼, 이혼으로 조합원 자격을 취등한 경우에는 분양신청을 할 수 있다. 이때 조합원 분양분의 분양대상자는 최초 관리처분계획 인가일을 말한다
〈신설2107.10.24.〉
도시 및 주거환경정비법(약칭:도시정비법) 조문편집

그럼 만약 5년 내에 투기과열지구의 조합원 입주권을 매수하거나 일반청약으로 당첨되면 어떻게 될까요? 입주권은 현금청산 되고, 일반청약은 당첨이 취소됩니다. 그리고 그러한 매도인의 물건을 양수한 매수인도 매도인의 지위를 승계 받아 현금청산자가 됩니다.

다만 8.2대책이 2017년 10월 24일부터 적용됐으므로, 그 전에 매

수한 재개발·재건축 부동산은 몇 개가 있더라도 재당첨 제한에 해당되지 않습니다. 그러나 법 시행 이전의 소유한 매물이 최초 관리처분계획인가일 2017년 10월 24일 이후라면 재당첨 제한에 해당됩니다.

재당첨 제한 5년이 되는 기준일은 다음과 같습니다.

A재개발 구역의 최초 관리처분계획인가일이 2018년 5월 30일이면 당첨제한 기간은 2023년 5월 29일까지입니다. 유의할 점은 재당첨 금지 기간 계산은 기존 최초 관리처분계획인가일로부터 신규로 매수한 재개발·재건축의 관리처분계획인가일로 계산하는 것이 아닙니다. 정확한 기간은 조합원분양신청 마감일까지입니다. 조합원분양신청 마감일이 2023년 5월 29일 이전이라면 현금청산이 됩니다. 만약 조합원분양신청 마감일이 2023년 5월 30일 이후라면 5년이 넘기 때문에 조합원분양신청이 가능합니다.

A재개발 보유
최초 관리처분계획인가일
2018.5.30

B재개발 신규 매수
조합원분양신청 마감일
2023.5.29(현금청산)
2023.5.30(분양신청 가능)

재당첨 제한에 대해 몇 가지 반드시 알아야 할 사항이 있습니다.
첫 번째, 사업주체가 누구인지에 따라 재당첨 제한의 가부가 결정

됩니다.

　재개발의 사업주체는 재개발 조합입니다. 조합에서 시공사를 선정해 조합원분양과 일반분양을 하게 되는데 아래 그림에서 보면 사업주체명이 팔달10구역 조합이라고 나옵니다. 이와 같이 사업주체가 재개발 조합인 경우 이 구역의 입주권을 매수하면 재당첨 제한에 해당됩니다.

[분양 주체가 조합일 경우] 출처: 청약홈

■ 사업주체 및 시공회사

구분	사업주체명	시공회사명	시공회사명
상호명	팔달10구역주택사업 정비사업조합	에이치디씨현대산업개발 주식회사	GS건설 주식회사
주소	경기도 수원시 팔달구 인계로 68번길 1, 3층 302호	서울특별시 용산구 한강대로 23길 55	서울특별시 종로구 종로 33(청진동, 그랑서울)
법인등록번호	135871-0007273	110111-6740008	110111-0002694

　아파트 분양 청약공고를 보면 가끔 사업주체가 재개발 조합이 아닌 신탁회사인 경우도 있습니다. 사업부지를 신탁사에서 매입해 아파트를 분양하는 사례인데 버스차고지 또는 학교 캠퍼스 등의 넓은 부지를 매입해 분양하기 때문에 조합원분양분이 없는 일반분양 물량만 있는 사업지는 투기과열지구 내에 있더라도 재당첨 제한에 해당되지 않습니다. 최근에는 재개발·재건축 조합에서 비용조달과 관리감독을 쉽게 하기 위해 신탁사에 위탁해서 운영하는 곳도 있습니다. 이런 경우에는 사업주체가 신탁사일지라도 원래의 사업주체가 재개발·재건축 조합이기 때문에 재당첨 제한에 해당됩니다.

[분양 주체가 신탁사일 경우]

출처: 청약홈

※ 이파트 공사진행 정보 제공: 분양보증을 받은 아파트 사업장의 공사진행 정보는 주택도시보증공사의 모바일 어플리케이션(HUG-#)을 통해 확인할 수 있음

■ 감리자 및 감리금액

(단위: 원/부가가치세 포함)

구 분	건축감리	전기감리	소방감리	통신감리감리
회사명	(주)한국환경종합건축사사무소	(주)건창기술단	(주)남도티이씨	(주)대성종합건축사사무소
감리금액	2,983,202,420원	690,968,400원	330,000,000원	138,600,000원

※ 감리금액은 감리회사와의 계약변동 등으로 인해 증가될 수 있음

■ 사업주체 및 시공회사

구 분	회 사 명	주 소	연락처	법인등록번호
사업주체	아시아신탁(주)	서울특별시 강남구 영동대로 416, 13층(대치동, 케이티엔지타워)	02-3490-9433	110111-3543801
시공사	(주)대우건설	서울특별시 종로구 새문안로 75(신문로 17가)	02-2288-3114	110111-2137895

■ 위탁자

구 분	회 사 명	주 소	연락처	법인등록번호
시행위탁자	(주)대원플러스개발	서울특별시 강동구 상일로 10길 36, 506호(상일동, 세종텔레콤지식산업센터)	02-441-0505	110111-3928053

■ 건본주택 위치 : 서울시 강동구 고덕동 210-1 번지

■ 분양문의 : ☎ 1855-0177

※ 본 공고는 편집 및 인쇄 과정상 착오가 있을 수 있으니 의문사항에 대하여는 건본주택 및 공급회사로 문의하여 재확인하시기 바랍니다.

※ 자세한 공사범위 및 마감재는 건본주택에서 확인하시기 바랍니다.

※ 입주자 모집공고 기재 사항에 오류가 있을시 관계법령에 우선합니다.

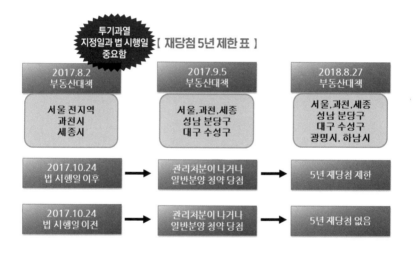

두 번째는 투기과열지구 지정일과 법 시행일에 따라 재당첨 제한의

가부가 결정됩니다.

2017년 10월 24일 법 시행일 이전에 매수한 곳이 관리처분계획인

가가 난 곳이라면 재당첨 제한에 해당하지 않지만 이후라면 재당첨 제한에 해당됩니다. 여기서 유의해야 할 점은 내가 매수할 당시는 규제지역이 아니었다가 급속한 부동산 가격 상승으로 인해 투기과열지구로 격상되면 재당첨 제한에 해당될 수 있기 때문에 출구(매도) 전략을 잘 세워야 합니다.

세 번째는 재당첨 제한 분양대상자에 속한 세대원 전원에 대해 유의해야 합니다.

2017년 10월 24일 이후 분양대상자가 된 세대에 속한 사람은 향후에 세대를 분리해도 동일한 제한을 받습니다. 그리고 재당첨 제한에 해당되는 세대와 합가를 하는 경우에도 동일하게 제한을 받기 때문에 청약가점을 높이기 위해 부모님과 세대를 합가하다가 본인도 제

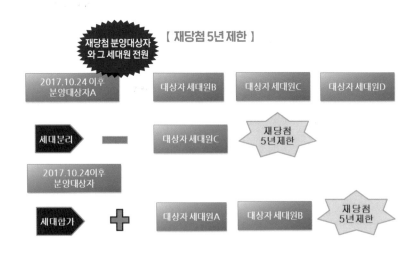

한을 당하는 경우도 있습니다.

재당첨 5년 제한이 적용되지 않는 예외 경우도 살펴보겠습니다.

1. 주택법에 의해 일반분양을 받은 경우, 조합원분양과 연계되지 않아 적용 불가

2. 가로정비주택 사업 및 200세대 미만의 소규모 재건축

3. 관리처분계획인가를 받았거나 정비사업 일반분양에 당첨된 주택을 양수한 경우

4. 정비사업에서 미분양분 및 주택이 아닌 상가나 오피스텔을 취득했을 경우

5. 상속, 결혼, 이혼 등으로 취득했을 경우

6. 공유지분의 경우 관리처분계획인가 이후 주택을 공유 받는 경우

재당첨 제한에 대한 내용을 정리해 봤지만 상당히 어렵고 복잡해서 이해하기 힘들 겁니다. 간단하게 몇 가지 사례를 들어 쉽게 풀어 설명하겠습니다.

Q1: 2017년 12월 동대문OO래미안(oo신탁시행)청약 당첨자가 한남3구역을 매수하면 재당첨 5년 제한에 해당될까요?
A: 청약 당첨일이 법 시행일 2017년 10월 24일 이후지만 사업주체가 재개발 정비사업이 아닌 신탁시행이기 때문에 재당첨 제한에 해당되지 않습니다.

Q2: 2015년 5월 최초 관리처분계획인가을 받은 홍은OO구역 조합원이 마천4구

역을 매수하면 재당첨 5년 제한에 해당될까요?

A: 최초 관리처분계획인가일이 법 시행일 2017년 10월 24일 이전이기 때문에 재당첨 제한에 해당되지 않습니다.

Q3: 2018년 7월 서대문OO아이파크(OO재개발 구역)청약 당첨자가 조합원분양이 끝나고 관리처분계획인가를 앞둔 갈현1구역을 매수하면 재당첨 5년 제한에 해당될까요?

A: 법 시행일 2017년 10월 24일 이후 정비사업 내 일반청약에 당첨됐기 때문에 재당첨 제한에 해당되지만, 새로 매수하려는 재개발 구역이 조합원 분양신청을 마쳤기 때문에 양수를 하더라도 재당첨 제한에 해당되지 않습니다. 그러나 만약 일반청약 당첨일로부터 5년 이내에 새로 매수한 재개발 구역에서 사업시행인가의 변경으로 세대수 또는 주택규모가 달라지는 경우 재분양신청을 하게 되는데 이때는 재당첨 제한에 해당돼 현금청산자로 분류되므로 주의해야 합니다.

Q4: 2015년 2월 조합설립이 된 은평구 OO구역을 매수했고, 현재는 사업시행인가를 앞두고 있는 조합원이 2020년 8월 흑석동 OO자이(OO재개발 구역)에 일반분양 청약이 당첨되면 재당첨 5년 제한에 해당될까요?

A: 법 시행일 2017년 10월 24일 이전에 재개발 주택을 매수했지만 관리처분계획인가를 받지 못한 상태이기 때문에 2020년 8월에 일반분양 청약에 당첨되면 재당첨 제한에 해당돼 이후 재개발 구역의 조합원분양신청 마감일을 기준으로 현금청산 됩니다.

초기 재개발 구역
투자 리스크

재개발 투자가 인기를 끌다 보니 보다 큰 수익을 얻기 위해 구역지정도 안 된 초기 재개발 투자처를 찾아다니는 사람들도 많습니다. '언젠가 재개발이 진행되겠지'라는 막연한 생각으로 막무가내식 투자를 강행하기도 합니다.

이런 초기 재개발 투자에는 몇 가지 리스크가 존재하는데 어떠한 것이 있는지 살펴보겠습니다.

첫 번째는 지분 쪼개기 매물은 향후 현금청산이나 작은 평수만 신청이 가능합니다. 구역지정 전 단계의 재개발 구역을 다니다 보면 단독주택을 허물고 다세대를 지어 분양하는 빌라들을 쉽게 볼 수 있습니다. 이른바 '쪼개기 물건'이라고 부르는데 주변 부동산 시세가 높은 구역이 많습니다. 문제는 이런 매물을 소유한 조합원들의 지위를 인정하느냐 안 하느냐가 조합 입장에서 큰 고민이 됩니다. 입주자격을 준다면 소형평수를 많이 만들어야 하기 때문에 수익성이 줄어들 것이고, 입주자격을 주지 않으면 재개발 사업을 반대하기 때문에 사업 자체가 지연되는 리스크로 이어집니다. 그래서 최근 도시 및 환경정비법 신조례에서는 권리산정일 이전에 준공과 보존등기까지 마친 신축 다세대만 조합원 분양자격을 인정하고 있습니다.

두 번째는 재개발 추진 주체가 불분명하거나 복수의 추진 주체가 있는 경우 사업진행이 불분명해집니다.

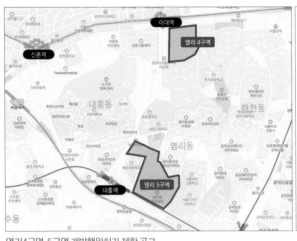

염리4구역, 5구역 개발행위허가 제한 공고

염리4구역 일대 공사 중인
쪼개기 신축 빌라

염리4구역은 십여 년 전에 재개발 사업을 추진하다 주민들의 반대로 인해 구역이 해제됐습니다. 인근 염리3구역과 비교해 2호선 이대역 근처에 위치하다 보니 주거시설보다는 상업시설이 많아 재개발을 반대하는 조합원이 많았고, 결국 해제에 이르렀습니다.

최근 들어 주변 재개발 구역들이 준공하거나 입주를 앞두고 있어 시세 또한 과거에 비해 10억 원 이상 상승하다 보니 염리4구역의 주민들이 다시 적극적으로 재개발을 추진하고 있습니다. 그러나 문제는 아직도 상업시설을 소유한 조합원들의 반대가 심하고, 기존 재개발이 아닌 지역주택조합의 형태로 추진하려는 구성체도 존재한다는 점입니다.

염리4구역 내 지주택을 추진하는 구성체(왼) / 상가시설 보유 조합원들의 재개발 반대 구성체(오)

　이처럼 재개발을 추진하는 주민들을 저해하는 구성체가 있는 경우 주민들의 동의율 수집부터 난항이 예상되는 리스크가 있습니다.

　세 번째는 초기의 과도한 시세 상승으로 향후의 안전마진이 낮아진 다는 점입니다.

　재개발 사업은 구역지정부터 조합설립인가, 사업시행인가, 관리처 분인가, 착공 시작, 입주까지 단계를 거치면서 시세가 상승하는 것이 가장 일반적입니다. 또한 재개발 투자는 미래의 완성될 아파트에 대 한 시간 투자이기 때문에 한 단계씩 진행되면서 리스크 또한 하나씩 없어지며 시세가 점진적으로 상승하는 것이 정상입니다.

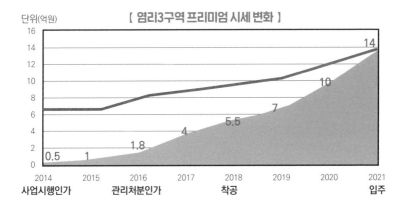

단위(억원)

【 염리3구역 프리미엄 시세 변화 】

0.5　1　1.8　4　5.5　7　10　14

2014　2015　2016　2017　2018　2019　2020　2021
사업시행인가　　관리처분인가　　　　착공　　　　　　　입주

　염리4구역과 염리5구역 인근에 있는 염리3구역(마포 프레스티지 자이)의 시세를 확인해 보면 사업시행인가 이후부터 단계별로 시세가 점진적으로 상승한 모습을 볼 수 있습니다. 심지어 2009년 조합설립인가부터 사업시행인가까지는 금융위기로 인해 프리미엄은 마이너스였습니다. 하지만 사업시행인가 이후부터 사업진행의 윤곽이 보이기 시작하자 투자자들이 관심을 보이기 시작했고, 관리처분인가 그리고 착공 단계, 입주 시점까지 꾸준한 시세 상승이 있었습니다. 제가 보기에 가장 바람직한 시세 상승이라고 생각합니다.

　하지만 최근의 재개발 구역의 현황을 보면 구역지정 전부터 투자자들이 몰리기 시작해 몇 개 없는 매물을 두고 경쟁을 하다 보니 시세가 과열되고, 향후 어떻게 될지도 모르는 쪼개기 된 작은 지분의 빌라조차 4~5억 원을 호가하고 있습니다. 물론 주변 시세가 급등하고 있어 어느 정도 이해는 되지만 구역지정 전이고 향후 입주까지 최소 15년 정도를 기다려야 하는 점에 비해 상당히 오버슈팅(상품이나 금융자산의 시장가격이 일시적으로 폭등, 폭락하는 현상) 돼 있다고 판단됩니다.

부동산 시세 상승이 계속되면 문제없겠지만 경기가 하락한다면 재개발 사업도 더디게 진행되고, 시세도 하락하게 돼 초기에 진입한 투자자들은 힘든 시기를 보내야 합니다.

이러한 이유 때문에 초기 재개발 구역은 신중에 신중을 더해서 접근하는 것을 권합니다.

종교시설 리스크

재개발 구역 임장 시 주의 깊게 봐야 할 곳이 바로 종교시설입니다. 특히 대형교회가 있는 경우 협상이 결렬되거나 예산보다 높은 보상으로 조합원들에게 피해를 줄 가능성이 매우 높습니다.

재개발 구역 내 종교시설과 협상이 잘 된 경우에는 일반적으로 금전적 보상과 대토를 제공하거나 구역 내 가장 노른자 땅에 다시 신축 종교시설을 지어 줍니다. 물론 건축물이 완공될 때까지 거주할 비용도 제공합니다. 하지만 이런 협상마저도 거부하고 상식을 넘는 엄청난 금액을 요구하며 재개발 사업진행을 방해하는 종교시설이 정말 많습니다.

<!-- 신문기사 이미지 내 텍스트 -->

[단독] ■■■ 교회, 결국..강제철거 당한다

황현규
입력 2020.05.27. 10:12   수정 2020.05.27. 23:22

💬 7285

장위10구역 조합, 명도 소송 승소
'알박기' 사랑제일교회 철거 가능
이르면 다음 달 초 철거 예정
무력 충돌 불가피..전 목사는 재판 中

[이데일리 황현규 기자] 전광훈 목사의 '사랑제일교회'가 강제 철거당하게 됐다. 성북구 장위동 장위10구역 재개발 조합이 명도소송에서 승소하면서 교회 강제 철거가 가능해졌다. 전 목사 교회는 앞서 재개발 조합 측에 높은 보상금을 요구하면서 알박기 논란을 부른 바 있다.

출처: 이데일리 2020년 5월 27일 기사

장위10구역 교회 철거 관련 신문기사(위)
강제집행 당시 교인들의 철거 반대 시위(아래)

　　재개발 구역에서 이런 종교시설과의 협상 문제로 고통 받고 있는 곳이 셀 수 없이 많지만 최근 장위10구역에서 일어난 사례를 예로 들어 설명하겠습니다.

　　정치적 이슈로 더 유명해진 A교회는 조합과의 보상 협상에 응하지 않고 조합에서 제시한 보상금 50억 원의 11배가 넘는 570억 원의 과도한 보상금을 요구해 조합관계자들을 놀라게 했습니다. 조합과 교회

측 간의 협상이 불가능해져 교회는 이주를 거부함으로써 재개발 철거가 지연됐고, 결국 서울시가 중재에 나서 80억 원대로 보상금액을 조정했지만 이마저도 교회 측에서 수용하지 않아 결국 법원의 강제집행 판결을 받았습니다. 강제집행 당시에도 수많은 교인들의 반대 시위와 화염병을 던지는 등의 위험한 행동으로 집행이 취소되는 해프닝도 있었습니다.

이처럼 종교시설이 많은 구역일수록 보상금액이 커지거나 사업진행이 늦어지면서 조합원들에게는 비례율 하락으로 이어질 가능성이 높습니다. 그렇기 때문에 재개발 투자 시 현장을 파악할 수 있는 임장을 통해 이런 종교시설 여부를 확인하고 매수를 결정해야 합니다.

Chapter 7

재개발 정보
: 재개발 투자 노하우

대체주택 특례로
비과세 받기

부동산 취득 후 비과세를 받는 조건이 점점 까다로워지고 있습니다. 누구나 부동산 차익에 대한 세금을 줄이고 싶어 하지만 그리 쉽지 않습니다.

하나의 주택도 비과세 받기 어려운 요즘 두 개의 주택을 비과세 받는 방법도 있습니다. 바로 일시적 1가구 2주택 비과세 혜택입니다. 일시적 1가구 2주택의 특례를 받기 위해서는 전제조건이 A주택을 매수하고 반드시 1년이 넘는 기간을 두고 B주택을 매수하는 것입니다. 이때 A주택을 2년 이상 보유 또는 거주하고 기한 내 매도하면 비과세를 받을 수 있습니다.

취득 시점	기존주택 매도기한
2018.9.13 이전 취득	3년 내 매도
2018.9.14~2019.12.16 취득	2년 내 매도
2019.12.17 이후 취득	1년 내 매도 & 1년 내 전입(신규 취득 주택)

매도기한은 취득 시점에 따라 3가지로 나눌 수 있는데 조정대상지역 내에서 갈아타는 경우에 한합니다.

일단 기존주택을 2018년 9월 13일 이전에 취득했다면 기존주택은 3년 이내에 매도하면 됩니다.

2019년 12월 17일 이전에 취득했다면 2년 이내 기존주택을 매도해야 하고, 2019년 12월 17일 이후에 취득했다면 1년 이내 기존주택 매도와 전입을 동시에 해야 합니다.

일시적 1가구 2주택 비과세를 받는 전제 조건은 반드시 1년의 기간을 두고 매수해야 한다는 점입니다.

비조정지역은 취득 시점에 상관없이 새 집을 취득한 날부터 3년 이내에 2년 이상 보유한 기존주택을 양도 시 비과세 혜택을 받을 수 있습니다.

그럼 재개발·재건축 정비사업에서도 일시적 1가구 2주택의 특례가 적용될까요? 일시적 1가구 2주택 특례가 있지만 1년의 기간을 두고 매수해야 한다는 조건은 적용되지 않습니다. 이유는 해당 주택이 정비사업으로 진행되면 철거 후 준공까지 상당히 오랜 시간이 필요하기 때문입니다. 그래서 재개발·재건축 대체주택 특례 조항을 활용하면 신규주택 취득 후 1년 이내 기존주택을 매도하지 않아도 되고, 최대 7~8년 이상 동안 기존 주택을 보유할 수 있습니다. 재개발·재건축이 준공 후 입주할 때까지 기존주택을 비과세 받으면서 심지어 시세 상승까지 덤으로 받을 수 있는 마법 같은 방법이 어떻게 가능할까요?

소득세법 시행령 제156조의 2 (주택과 조합원입주권을 소유한 경우 1세대 1주택의 특례)의 조항을 근거로 2가지 방법으로 일시적 1가구 2주택의 비과세를 접근할 수 있습니다.

[재개발·재건축 정비사업의 일시적 1가구 2주택 특례]

| 재개발 주택 보유 후 대체주택 추가 매수 | 거주아파트 보유 후 재개발 주택 추가 매수 |

첫 번째는 내가 보유한 주택이 재개발 또는 재건축으로 진행되는 경우 기존주택을 멸실시켜 공사를 진행하기 위해 공사기간 동안 거주할 대체주택을 취득하는 경우 예외를 인정해 준다는 조건입니다.

A재개발	B대체주택 매수	A재개발 준공	B대체주택 매도

이런 경우 일시적 1가구 2주택 비과세를 받기 위해 몇 가지 전제 조건이 있습니다.

① A재개발·재건축이 사업시행인가 이후부터 관리처분계획인가 전까지 B대체주택을 매수

② B대체주택에 1년 이상 거주 필수

③ A재개발·재건축 준공 후 2년 이내 B대체주택 매도

④ A재개발·재건축 준공 후 2년 이내 입주

⑤ A신축 아파트 1년 이상 거주 필수

여기서 일반적인 일시적 1가구 2주택 비과세와 같이 첫 주택을 취득하고 1년의 기간을 두고 두 번째 주택을 취득해야 한다는 조건은 없습니다. 두 주택의 취득일자가 단 하루만 차이가 나도 상관없다는 뜻입니다. 그리고 A 정비구역 주택이 관리처분계획인가를 받으면 입주권으로 변하기 때문에 B대체주택은 반드시 A주택이 사업시행인가

이후부터 관리처분계획인가 전까지 취득해야 합니다.

2015년 3월 은평○○구역 취득
2015년 6월 사업시행인가
2015년 7월 용산푸르지오 취득 후 1년 이상 거주
2022년 10월 은평○○구역 준공 및 입주 예정
2024년 9월 용산푸르지오 매도 예정

두 번째는 내가 보유한 주택 이외에 재개발·재건축 정비사업의 대체주택을 취득 후 준공할 때까지 비과세 기간을 인정해 준다는 조건입니다.

A주택	B입주권	B입주권 준공	A주택 매도

이 경우 또한 일시적 1가구 2주택 비과세를 받기 위해 몇 가지 전제 조건이 있습니다.

① A주택 보유

② 관리처분계획인가를 받은 B재개발·재건축 입주권 매수

③ B입주권 준공 후 2년 이내 A주택 매도

④ B입주권 준공 후 2년 이내 입주

⑤ B입주권 입주 후 1년 이상 거주

여기서도 두 주택의 취득일자가 단 하루만 차이가 나도 상관없지만 B입주권은 반드시 관리처분계획인가를 받은 상태여야 합니다.

사례 2　2013년 5월 서대문 센트레빌 아파트 취득 후 거주
2013년 9월 관리처분인가 난 마포OO구역 취득
2018년 9월 마포OO구역 준공 및 1년 이상 거주
2020년 8월 서대문 센트레빌 아파트 매도

조합원 평형신청
눈치 싸움

조합원 평형신청은 피 말리는 눈치 게임을 방불케 합니다.

개인의 취향도 있겠지만 부동산 경기 트렌드에 따라 선호하는 평형과 타입이 달라지기 때문에 평형신청에 신중할 수밖에 없습니다. 과거에는 소형평수를 선호했지만 최근에는 압도적으로 중대형 평수를 선호하고 그에 따른 시세도 확연하게 차이가 납니다.

결국 한순간의 선택이 시세를 좌지우지하는 것이죠.

저 역시 평형을 잘못 선택해 피해를 본 적이 있습니다. 부동산 경기가 한참 안 좋았을 시절 소형평수를 선호하고, 평당 시세도 소형이 비쌌던 시장트렌드에 맞추어 당연히 소형평수를 신청했습니다. 그런데 입주가 도래한 시점은 소형평수가 찬밥 대우를 받고, 심지어 시세도 중대형과 큰 갭이 벌어지더군요. 중대형평수를 신청했다가 고민 끝에 신청 마지막 날에 소형평수로 변경했는데 순간의 선택이 어떤 결과를 가져오는지 여실히 보여 준 경험이었습니다.

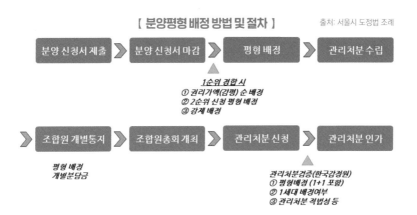

조합원이 희망하는 평수를 신청했다고 무조건 확정되는 것은 아닙니다. 인기 있는 중대형평수는 경쟁이 치열하기 때문에 희망평형 1순위, 2순위, 3순위가 권리가액 순으로 배정됩니다. 이런 점에서 1순위로 어느 평형을 신청할지 고민하게 되는데 이는 예전 선배들의 학력고사 시절 대학별 원서 접수를 치열하게 눈치 게임했던 것만큼 경쟁이 치열합니다. 물론 전체세대수 중 조합원 비율이 낮은 재개발 구역은 각 평형별 세대수가 넉넉하기 때문에 낮은 감정평가를 받은 조합원들도 중대형을 신청하면 받을 수 있습니다. 그래서 일반분양 세대수가 많은 재개발 구역들이 유리하겠죠.

2020년도에 분양신청을 한 상대원2구역은 조합원들이 원하는 평형을 다 받을 예정으로 이는 관리처분인가가 나면 확실하게 결정됩니다.

[상대원2구역 평형별 신축 세대수 및 분양신청 현황]

구분		신축 세대수	조합원 분양신청 현황			비고
			1순위	1+1	소계	
T Y P E	39	781	3	5	8	16평(임대 410포함)
	49	458	19	15	34	20평(임대 210포함)
	59	1,803	269	98	367	24평
	74	763	712	0	712	30평
	84	861	851	0	851	34평
	101	424	416	0	416	41평
계		5,090	2,271	118	2,389	종교용지만 신청자 1곳 포함
전체 조합원 2,324명 중 분양대상 조합원 2,316명 (국공유지 2명/다물권 조합원등 4명/동일인 조합원 1명 총 8명 제외)						

만약에 중대형평형에 많은 조합원들이 몰리게 되면 어떻게 될까요? 당연히 권리가액 순으로 정해지기 때문에 권리가액 몇 만원 차이로 원하는 평형에서 밀릴 수도 있습니다.

여기서 중요한 점은 권리가액이 아무리 큰 조합원이라도 본인의 2순위가 타 조합원의 1순위를 이기지 못한다는 것입니다.

예를 들면 A조합원이 감정평가금액 3억, B조합원이 감정평가금액 1억으로 A조합원이 평형신청에서 B조합원에 비해 유리한 위치에 있습니다. 그래서 A조합원은 1순위로 101타입, 2순위로 84타입, 3순위로 74타입을 신청하고, B조합원은 낮은 감정가로 인해 1순위로 84타입, 2순위로 74타입, 3순위로 59타입을 신청했습니다.

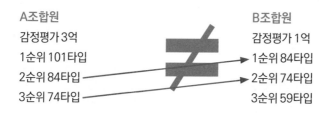

그런데 101타입의 세대수가 50세대밖에 없어 50세대 순위 안 커트라인 감정가액이 3억 2천만 원이이라고 하면 A조합원은 감정가액 3억 원이기 때문에 1순위에서 밀리게 됩니다. 문제는 A조합원이 2순위로 신청한 84타입은 다른 조합원들이 1순위로 신청해서 다 마감됐을 때 입니다. 그러면 A조합원은 B조합원보다 감정가액이 훨씬 큼에도 불구하고 3순위인 74타입으로 배정된다는 의미입니다.

실제로 2020년 광명11구역 평형신청 시 101타입, 84타입, 74타입의 조합원 신청자 수가 분양세대수를 넘는 결과가 나왔습니다. 101타입을 신청한 조합원은 이미 84타입, 74타입이 1순위로 마감됐기 때문에 큰 감정평가금액에도 불구하고 59타입으로 밀린 경우도 상당수 있었습니다. 이런 결과가 나올 가능성이 있기 때문에 평형신청은

[광명11구역 조합원들의 중대형 평형신청이 오버돼 2순위, 3순위로 밀리는 경우]

광명 11구역 평형/타입별 분양신청 현황(1순위 기준)
공동주택(아파트)-임대아파트 241세대 제외

구분	유형 전용면적 (m2)	타입	분양 세대수	분양 신청자	지원율(%)	비고
11-1 구역	39	A	31	2	6.4	미달
	51		123	5	4.0	미달
	59	A	1,769	832	47.0	미달
	74	A	495	672	126.6	
		B	463	505	109.0	
	84	A	515	651	126.4	
		B	234	245	104.7	
	101		140	196	140.0	
	소계		3,770	3,063		

구분	유형 전용면적 (m2)	타입	분양 세대수	분양 신청자	지원율(%)	비고
11-2 구역	39	B	10	1	10.0	미달
	59	B	28	2	7.1	미달
		C	78	9	11.5	미달
	74	C	26	13	50.0	미달
		D	28	8	28.5	미달
	84	C	82	53	64.6	미달
		D	28	8	28.5	미달
	소계		280	94		

- 위 내용은 향후 선경빌라 다동 조합원 소송결과(2019구합73926 수분양자지위 확인의소) 서류 재확인 작업, 한국감정원 검증결과 등에 따라 달라질 수 있음
- 1+1 추가 신청 세대수는 미적용(59㎡, 51㎡, 39㎡)
- 지원율은 소수점 1자리 이하는 버림

신중하게 해야 합니다.

　재개발 투자를 하다 보면 이렇듯 재미있는(?) 경우가 있습니다.

　지인 중에는 경기도 모 뉴타운 재개발 구역에서 500만 원대와 800만 원대의 감정평가금액으로 84타입을 신청해 배정받은 경우도 있습니다. 84타입의 세대수는 심지어 많지도 않았습니다. 한 곳은 단 20세대, 다른 한 곳은 40세대로 극히 적은데도 가능했던 이유는 단 하나! 원주민 조합원들의 비율이 상당히 높았기 때문입니다. 위의 광명 11구역은 이미 손 바뀜이 돼 원주민보다는 외부에서 투자한 승계 조합원의 비율이 높았기 때문에 저러한 결과가 나왔을 가능성이 높습니다. 반면에 원주민 조합원들이 많은 곳은 추가로 부담해야 할 금액으로 인해 일반적으로 소형평형을 신청하는 경향이 큽니다.

　그래서 철저한 현장조사를 통해 과감하게 중대형평수를 신청해서

경기도 모 뉴타운에서 소액의 감정평가금액으로 실제 84타입을 받은 케이스

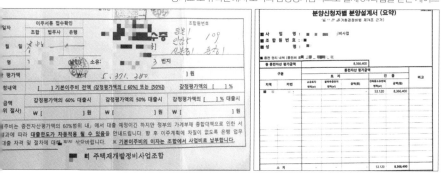

배정받은 것이죠. 사실 1,000만 원이 안 되는 감정평가금액은 1순위로 중대형평형이 안 되더라도 2순위 또는 3순위로 소형평수를 받을 수 있기 때문에 부담 없이 신청했을 것입니다. 이러한 사전조사를 통해 베팅했다는 점은 높이 사야 할 부분입니다.

재개발 해제 시 출구 전략

재개발 정비사업을 추진하다 보면 조합원들의 반대가 심한 경우가 많습니다. 특히 상가 소유자나 대지지분이 큰 단독주택, 다가구주택 소유자들의 반대로 인해 재개발이 해제되는 경우도 있습니다. 해제요건은 구역 내 소유자 30% 이상만 동의하면 법적으로 해제가 가능합니다. 만약 내가 상당한 프리미엄을 주고 재개발 지역을 매수했는데 주민들의 반대로 재개발이 해제된다면 얼마나 황당할까요?

실제로 2020년 인천의 우신구역이 재개발이 해제돼 많은 투자자들이 힘들어 했습니다.

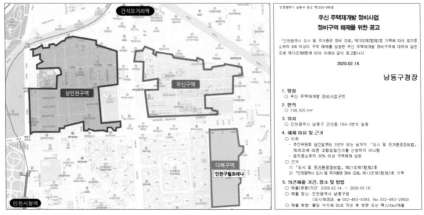

우신구역 재개발 해제

　재개발 사업단계에서는 이러한 리스크는 항상 존재하기 때문에 투자 시 리스크에 대비한 출구 전략이 필요합니다.

　그러면 재개발 투자 시 출구 전략을 위해 어떤 매물을 선택해야 할까요?

① 빌라는 재개발 구역 내 가능한 최근 연식의 매물을 매수

만약 재개발 사업이 해제돼도 최근 연식의 빌라를 매수한다면 그 지역에 실거주를 원하는 수요가 있기 때문에 매수한 가격보다 약간 손해를 보더라도 가격을 낮추면 매도가 가능합니다. 반면에 연식이 오래된 빌라는 매도가 어려워, 상당한 비용을 들여 수리해야 겨우 매도가 가능합니다.

신축 빌라

② 전용면적이 가능한 큰 매물을 매수(방 3개 이상)

투자자들은 초기투자금액이 낮
다는 이유로 대지지분이나 전용
면적이 작은 매물을 선호합니다.
하지만 이는 재개발이 해제되는
경우 매매가 어렵습니다. 반면에
전용면적이 큰 매물은 3~4인 가
족이 거주가 가능하기 때문에 실
수요자가 존재합니다. 그래서 재

방 3개 이상 평면도

개발 사업이 해제되더라도 적정선의 가격이라면 매매가 가능하기 때
문에 전용면적이 큰 빌라를 매수하는 것이 좋습니다.

③ 저층 아파트나 나홀로 아파트 매수

재개발 구역을 임장해 보면 빌라, 단독주택 그리고 다가구 이외에도
저층의 아파트 단지 또는 나홀로 아파트를 볼 수 있습니다. 이런 소규
모 세대의 저층 아파트 단지나 나홀로 아파트의 장점은 재개발 정비
사업이 해제되더라도 노후도 조건만 통과되면 단독으로 재건축이나
리모델링을 추진할 수 있다는 점입니다. 그래서 출구 전략으로 이런
매물을 매수하는 것도 방법입니다.

나홀로 아파트

④ 대로변에 있는 단독주택

대지지분이 큰 단독주택은 재개발이 아니더라도 빌라를 짓는 업자들
의 수요는 항상 있습니다. 단, 재개발이 해제되더라도 대로변에 있는
단독주택은 개발이 가능하지만 좁은 골목길 안에 있는 경우 건축허가

대로변 단독주택(위)
골목 안 단독주택(아래)

를 받기 어렵기 때문에 조심해야 합니다.

그래서 재개발 구역 내 단독주택을 매수한다면 대로변에 있는 매물을 추천합니다.

재개발 매물 계약 시
특약사항

정비사업 내 주택 매매 계약 시 대부분 부동산 중개업소를 통해 거래하겠지만 '부동산에서 알아서 잘 해 주겠지'라는 생각보다는 스스로 몇 가지 특약사항에 대해 검토할 필요가 있습니다. 사업단계별로 체크해야 할 특약사항이 있기 때문에 향후 계약 시 이런 내용의 문구가 빠져 있다면 직접 넣는 게 좋습니다.

공통사항
1. 매매 시점의 사업시행단계 및 현황 명기
2. 매도자의 조합원 자격취득 및 분양신청 가능 여부
3. 재개발 구역임을 감안해 현 상태로 인수하기로 합의하고, 건물에 대한 하자담보 책임은 없기로 한다.

조합설립 이후

1. 매도인이 동일 구역 내 다른 부동산을 소유한 상태에서 미고지 및 허위고지로 인해 조합원 자격이 제한되거나 상실될 경우 이에 대한 보상 내용 명기
2. 매수자가 공유지분으로 주택을 취득한 경우, 대표조합원 선임과 대표조합원의 분양자격 취득 확인
3. 재개발 매매 시점에서 정상적인 조합원 지위를 취득했으나 잔금 이후 조합정관 변경에 따라 조합원 자격이 변경 또는 박탈 시 매수인은 이의제기 불가

사업시행인가 이후

1. 종전자산금액(감정평가금액)과 비례율을 정확히 표기
2. 조합원 분양신청 여부 확인
3. 조합원 분양신청 시 1~3순위(평형, 타입)의 신청현황 정확히 표기
   잔금 내에 분양신청 기간 또는 변경신청이 가능하다면 매수자의 선호 평형 및 타입 선택 명시

관리처분계획인가 이후

1. 조합원의 추가 부담금내역서와 분양권 계약서 원본 확인
2. 매도자의 이주비 신청 및 승계에 대한 확인
   (이주비 실행 은행에서 매수자의 조건에 따라 승계 불가능 또는 이주비 일부 반환에 대한 확인 필요)
3. 세입자 거주 시 이주 및 공가의 책임 확인
4. 무상이사비 잔금(철거 후 잔금)의 수령 주체 확인
   (철거까지 상당한 시간이 걸리기 때문에 이에 대한 체크 필요)

입주 시

1. 시공사에서 제공하는 조합원 무상품목 승계 확인
2. 매도자가 신청한 옵션은 매수인이 인수하며 매매금액과 별도의 납부금액 확인
   (발코니 확장, 시스템 에어컨, 펜트리 등)
3. 중도금 승계 및 잔금 납부에 대한 확인

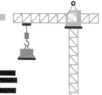

실행력은 고수가 되는 지름길

많은 사람들이 어떻게 하면 부동산 투자를 성공할 수 있는지 질문하곤 합니다. 제가 생각할 때 가장 필요한 것은 부동산에 대한 관심입니다. 관심조차 없으면 아무리 좋은 투자처가 있더라도 모르고 지나치는 경우가 많습니다. 거기에 덧붙여 적절한 공부와 임장, 최종적으로 본인이 보유한 투자금을 고려한 최선의 선택을 하는 것입니다. 사실 이 단계까지 수차례 반복하다가 마지막 단계에서 실행에 옮기지 못하는 경우가 많습니다.

저는 단연코 '부동산 투자의 성공 피즘는 실행력'이라고 생각합니다.

2019년 가을쯤 회사에 갓 입사한 후배와 술자리에서 부동산에 대한 이야기를 나눈 적이 있습니다. 이야기 끝에 후배가 좋은 투자처를 소개해달라고 해 7,000만 원 정도의 투자금이 필요한 경기도 덕소뉴타운의 재개발 입주권을 추천했습니다. 당시 투자금이 거의 없는 그 후배에게 어떻게 투자할 건지 물었더니 '신림동에 거주 중인 원룸 보증금'을 빼서 투자하겠다고 답합니다. 그럼 어디서 살 것이냐고 물어보니 일산에 사는 누나네에 들어가도 되는지 물어보겠다고 하더군요. 며칠 뒤 그 후배는 매형과 누나에게 허락을 받아 집주인에게 보증금을 빼달라고 요청하고, 바로 25평을 신청한 재개발 입주권을 계약했습니다. 2019년 당시 그 친구의 나이는 29살. 정확히 일 년이 지난 2020년 가을경 일반과세로 매도와 동시에 일 년간 모아 놓은 돈을 추가해 같은 구역에 34평을 신청한 입주권을 급매로 매수했습니다. 제가 봐도 정말 '미친 실행력'이었습니다. 최근 술자리에서 그 후배에게 살며시 물어봤습니다.

"혹시 잘못되면 어떻게 하려고 그렇게 고민 없이 바로 실행했냐?"

"저는 지방 출신에 어차피 청약으로는 힘들 것 같아서 경기도라도 전 재산을 투자해서 입주권을 사는 게 맞다고 생각했어요. 일 년이 지나 보니 실제로 1억 원 이상 시세가 올랐고, 선배님의 조언에 더욱 확신이 들어 34평 입주권으로 갈아탔죠."

저는 그 후배의 말에 감탄할 수밖에 없었습니다.

'후배야, 너의 실행력을 계속 유지한다면 10년 뒤에는 꼭 서울에 입성할 거야!'

Chapter
8

재개발 정보

: 서울 · 수도권
재개발 추천 구역
리스트

서울 지역 재개발
리스트 및 진행상황

서울과 수도권에 구역지정이 된 재개발 구역은 수백 곳이 넘지만 사업이 어느 정도 진행된 구역들을 선정해 지역별로 정리했습니다. 정확한 조합원분양가와 시세를 파악하기 위해 사업시행인가 이후의 조합원분양가가 나온 구역들만 리스트로 만들었고, 주변 대장아파트의 시세를 비교해 향후 예상되는 안전마진을 확인한 후 투자에 참고하길 바랍니다. 진행단계와 시세는 2021년 6월 1일 기준으로, 관심 있는 구역은 현재 시세를 다시 한 번 확인해 보도록 합니다.

서울시 뉴타운

범례
- 1차 뉴타운 지역 (3)
- 2차 뉴타운 지역 (12)
- 3차 뉴타운 지역 (11)
- 시범 균형발전촉진지구(5)
- 2차 균형발전촉진지구 (3)

구 명칭: 노원구, 중랑구, 강동구, 송파구, 도봉구, 강북구, 성북구, 동대문구, 광진구, 성동구, 강남구, 서초구, 종로구, 중구, 용산구, 관악구, 동작구, 은평구, 서대문구, 마포구, 영등포구, 금천구, 구로구, 양천구, 강서구

뉴타운/지구 명칭:
- 상계뉴타운
- 장위뉴타운
- 길음뉴타운
- 이문휘경뉴타운
- 상봉망우균형발전촉진지구
- 중화 뉴타운
- 청량리균형발전촉진지구
- 전호 뉴타운
- 전호성내균형발전촉진지구
- 구의자양균형발전촉진지구
- 거여마천뉴타운
- 천호암사균형발전촉진지구
- 전농답십리뉴타운
- 왕십리뉴타운
- 미아균형발전촉진지구
- 미아뉴타운
- 도심문뉴타운
- 창신숭인뉴타운
- 한남 뉴타운
- 흑석뉴타운
- 노량진 뉴타운
- 홍제균형발전촉진지구
- 은평뉴타운
- 수색증산뉴타운
- 가재울 뉴타운
- 세운문 세운상가지구
- 함창균형발전촉진지구
- 북아현뉴타운
- 이현 뉴타운
- 방화 뉴타운
- 신월신정뉴타운
- 영등포뉴타운
- 가리봉균형발전촉진지구
- 신길뉴타운
- 시흥뉴타운
- 신림뉴타운

서울 지역 재개발 **337**

지역구	구역명	세대수	진행단계	조분가 59타입	프리미엄 59타입	총매가 59타입	조분가 84타입	프리미엄 84타입
강동구	천호1구역	999세대	착공	5.2억	5억	10.2억	7억	6억
	천호4구역	670세대	이주 중	5.2억	4.8억	10억	7.7억	5.5억
강북구	미아3구역	1037세대	철거 중	3.6억	5억	8.6억	4.6억	6.5억
구로구	고척4구역	983세대	사업시행인가	3.2억	5.5억	8.7억	4.3억	6.7억
도봉구	도봉2구역	299세대	사업시행인가	4.4억	1.8억	6.2억	5.4억	2.5억
관악구	봉천4-1-2구역	1031세대	착공	5억	5.5억	10.5억	6.5억	6억
	신림2구역	1487세대	관리처분인가	4.3억	5.3억	9.6억	5.2억	6억
	신림3구역	571세대	이주 중	3.68억	5.6억	9.2억	5.5억	5.8억
노원구	상계1구역	1408세대	사업시행인가	4.1억	4억	8.1억	5.2억	4.5억
동대문구	이문1구역	3069세대	착공	4.2억	7.3억	11.5억	5.4억	8.3억
	이문3-1구역	4172세대	착공	4.1억	7억	11.1억	5.3억	8억
	휘경3구역	1792세대	이주 중	4.1억	6.3억	10.4억	5.2억	8억
	청량리7구역	761세대	이주 중	3.7억	8.5억	12.2억	4.9억	9.5억
	답십리17구역	326세대	철거 중	4.2억	5.3억	9.5억	5.4억	6.6억
	제기4구역	909세대	사업시행인가	4.7억	7.3억	12억	5.8억	8.5억
동작구	흑석11구역	1509세대	사업시행인가	6.3억	8.2억	14.5억	8.1억	9.9억
	흑석9구역	1536세대	관리처분인가	5.6억	10.5억	16.1억	7.4억	11억
	노량진2구역	421세대	관리처분인가	5.2억	8억	13.2억	6.4억	10.5억
	노량진3구역	1300세대	사업시행인가	5.7억	7억	12.7억	7.2억	8억
	노량진4구역	861세대	사업시행인가	4.3억	8억	12.3억	5.2억	9억
	노량진5구역	727세대	사업시행인가	4.2억	8억	12.2억	5.5억	9억
	노량진6구역	1499세대	관리처분인가	5.2억	8억	13.2억	6.3억	9억
	노량진7구역	614세대	사업시행인가	4.8억	7억	11.8억	6.3억	8억
	노량진8구역	1007세대	사업시행인가	5.5억	7억	12.5억	6.9억	8억
마포구	마포로3-3구역	239세대	이주 중	6.8억	4.5억	11.3억	9.4억	5.5억
	공덕1구역	1121세대	이주 중	5.5억	10억	15.5억	7.2억	11억

총매가 84타입	주변대장아파트명 59타입시세	주변대장아파트명 84타입시세	안전마진 GAP 59	안전마진 Gap 84
13억	래미안강동팰리스 13억	래미안강동팰리스 15억	3.3억	3.5억
13.2억	래미안강동팰리스 13억	래미안강동팰리스 15억	3.3억	3.3억
11.1억	꿈의숲해링턴플레이스 9억	꿈의숲해링턴플레이스 12억	0.4억	0.9억
11억	고척파크푸르지오 8억	고척파크푸르지오 10억	0.8억	1억
7.9억	도봉래미안 6.6억	도봉래미안 7.6억	0.4억	0.1억
12.5억	서울대입구이편한세상 13억	서울대입구이편한세상 14.8억	2.5억	2.3억
11.8억	서울대입구이편한세상 13억	서울대입구이편한세상 14.8억	2.6억	3억
11.3억	서울대입구이편한세상 13억	서울대입구이편한세상 14.8억	2.8억	3.5억
9.7억	노원센트럴푸르지오 12억	노원센트럴푸르지오 14억	3.7억	3.3억
13.7억	래미안아트리치 12억	래미안아트리치 14억	0.5억	0.3억
13.3억	래미안아트리치 12억	래미안아트리치 14억	0.9억	0.7억
13.2억	래미안아트리치 12억	래미안아트리치 14억	1.6억	0.8억
14.3억	동대문롯데캐슬노블레스 14억	동대문롯데캐슬노블레스 16억	1.8억	1.7억
12억	답십리파크자이 12.5억	답십리파크자이 15억	2.7억	3억
14.3억	동대문롯데캐슬노블레스 14억	동대문롯데캐슬노블레스 17.5억	2억	3.2억
18억	아크로리버하임 18억	아크로리버하임 22억	3.7억	4억
18.1억	아크로리버하임 18억	아크로리버하임 22억	1.9억	3.9억
16.9억	이편한세상상도노빌리티 14.4억	이편한세상상도노빌리티 17억	1.2억	0.1억
15.2억	이편한세상상도노빌리티 14.4억	이편한세상상도노빌리티 17억	1.3억	0.8억
14.2억	이편한세상상도노빌리티 14.4억	이편한세상상도노빌리티 17억	1.7억	1.8억
14.5억	이편한세상상도노빌리티 14.4억	이편한세상상도노빌리티 17억	1.8억	1.5억
15.3억	이편한세상상도노빌리티 14.4억	이편한세상상도노빌리티 17억	0.8억	0.7억
14.3억	이편한세상상도노빌리티 14.4억	이편한세상상도노빌리티 17억	2.2억	1.7억
14.9억	이편한세상상도노빌리티 14.4억	이편한세상상도노빌리티 17억	1.5억	1.1억
14.9억	공덕래미안5차 15억	공덕래미안5차 17억	3.7억	2.1억
18.2억	공덕SK리더스뷰 15.5억	공덕SK리더스뷰 19억	0	0.8억

지역구	구역명	세대수	진행단계	조분가 59타입	프리미엄 59타입	총매가 59타입	조분가 84타입	프리미엄 84타입
서대문구	북아현2구역	2316세대	사업시행인가	5.2억	9억	14.2억	6.5억	10.5억
	북아현3구역	4560세대	사업시행인가	4.7억	8억	12.7억	6.3억	9억
	홍은13구역	827세대	착공	3.6억	5억	8.6억	4.8억	6억
	가재울8구역	283세대	착공	3.6억	5억	8.6억	4.9억	6억
	영천구역	199세대	철거 중	5.1억	6억	11.1억	6.6억	7억
	연희1구역	1002세대	이주 중	3.8억	5억	8.8억	4.9억	6.5억
중구	신당8구역	1215세대	사업시행인가	5.3억	7억	12.3억	8억	8억
성동구	금호16구역	595세대	사업시행인가	4.3억	7억	11.3억	5.5억	8억
	행당7구역	958세대	착공	4.8억	9.5억	14.3억	6.1억	11억
	용답동재개발	1670세대	철거 중	4.1억	7억	11.1억	5.2억	8억
종로구	사직2구역	486세대	관리처분인가	4.8억	7억	11.8억	6.8억	8억
용산구	한남3구역	5816세대	사업시행인가	10.7억	8억	18.7억	14.6억	9억
양천구	신정 1-3구역	211세대	사업시행인가	3.95억	5억	9억	5.12억	6억
성북구	보문 5구역	465세대	이주 중	4.95억 (76 type)	6.5억	11.5억	5.4억	7억
	삼선5구역	1199세대	철거 중	4.23억	6억	10.2억	5.46억	7.6억
	동선2구역	334세대	관리처분인가	4.4억	4억5천	8.9억	5억	4.8억
	안암2구역	199세대	이주 중	4.05억 (65type)	4억	7.5억	5.3억	5억
	장위10구역	2004세대	철거 중	3.3억	7.3억	10.6억	4.3억	8억
	장위4구역	2840세대	철거 중	3.6억	7억	10.6억	4.5억	8.5억
	장위6구역	1637세대	이주 중	4.06억	6.8억	10.4억	5.3억	8억
	장위14구역	2370세대	사업시행인가	3.9억	4.5억	8.4억	4.9억	5.5억
은평구	대조1구역	2451세대	철거 중	4.4억	5.5억	9.9억	5.5억	6.5억
	증산5구역	1704세대	사업시행인가	4.7억	5.3억	10억	5.3억	6.3억
	수색8구역	578세대	사업시행인가	4.25억	5억	9.25억	5.5억	6억
	갈현1구역	4116세대	사업시행인가	4.5억	4.3억	8.8억	5.9억	5억
영등포구	양평12구역	707세대	이주 중	4.7억	7억	11.7억	6.1억	8억
중랑구	중화1구역	1057세대	이주 중	3.75억	4.5억	8.3억	4.98억	6억
	상봉7구역	931세대	사업시행인가	3.6억	2.8억	6.4억	4.7억	3.5억

총매가 84타입	주변대장아파트명 59타입시세	주변대장아파트명 84타입시세	안전마진 GAP 59	안전마진 Gap 84
17억	신촌이편한세상 15억	신촌이편한세상 17.5억	0.8억	0.5억
15.3억	신촌이편한세상 15억	신촌이편한세상 17.5억	2.3억	1.7억
10.8억	북한산더샵 11억	북한산더샵 13.5억	2.4억	2.7억
10.9억	래미안DMC루센티아 12억	래미안DMC루센티아 14.5억	3.4억	3.6억
13.6억	경희궁자이 16.5억	경희궁자이 20억	5.4억	6.4억
10.9억	DMC에코자이 12억	DMC에코자이 15억	2.2억	4.1억
16억	신금호파크자이 15억	신금호파크자이 18억	2.7억	2억
13.5억	이편한금호파크힐스 15억	이편한금호파크힐스 18억	3.2억	4억
17.1억	서울숲리버뷰자이 16억	서울숲리버뷰자이 19억	1.7억	1.9억
13.2억	답십리파크자이 12.5억	답십리파크자이 15억	1.4억	1.8억
14.8억	경희궁자이 16.5억	경희궁자이 20억	4.7억	5.2억
23.6억	한남더힐 25억	–	6.3억	–
11.2억	목동힐스테이트 15억	목동힐스테이트 17억	6억	5.8억
12.4억	보문파크뷰자이 11.5억	보문파크뷰자이 14.5억	–	2.1억
13억	보문파크뷰자이 11.5억	보문파크뷰자이 14.5억	1.3억	1.5억
9.8억	길음래미안센타피스 13억	길음래미안센타피스 16억	4.1억	6.2억
10.3억	보문파크뷰자이 12억	보문파크뷰자이15억	–	4.7억
12.3억	장위래미안퍼스하이 11.5억	장위래미안퍼스하이 13.5억	0.9억	1.2억
13억	장위래미안퍼스하이 11.5억	장위래미안퍼스하이 13.5억	0.9억	0.5억
13.3억	장위래미안퍼스하이 11.5억	장위래미안퍼스하이 13.5억	1.1억	0.2억
10.4억	장위래미안퍼스하이 11.5억	장위래미안퍼스하이 13.5억	3.1억	3.1억
12억	녹번역e편한세상캐슬 12억	녹번역e편한세상캐슬 15억	2.1억	3억
11.6억	DMC롯데캐슬퍼스트 11.5억	DMC롯데캐슬퍼스트 14.5억	1.5억	2.9억
11.5억	DMC롯데캐슬퍼스트 11.5억	DMC롯데캐슬퍼스트 14.5억	2.2억	3억
10.9억	녹번역e편한세상캐슬 12억	녹번역e편한세상캐슬 15억	3.2억	4.1억
14.1억	당산센트럴아이파크 15억	당산센트럴아이파크 18억	3.3억	3.9억
11억	사가정센트럴아이파크 12억	사가정센트럴아이파크 14억	3.7억	3억
8.2억	한일써너스빌 8억	한일써너스빌 9.5억	1.3억	1.6억

수도권 지역 재개발 리스트 및 진행상황

수도권 역시 사업시행인가 이후의 조합원분양가가 나온 구역들만 리스트로 정리했고, 주변 대장아파트의 시세를 비교해 향후 예상되는 안전마진을 확인한 후 투자에 참고하길 바랍니다. 진행단계와 시세는 2021년 6월 1일 기준으로, 관심 있는 구역은 현재 시세를 다시 한 번 확인해 보도록 합니다.

의정부 (가능지구)
의정부 (금의지구)
남양주 (퇴계원지구)
남양주 (덕소지구)
남양주 (지금 도농)
구리 (인창수택지구)

군포 (금정지구)

안양 (만안지구)

양평

여주

가평

포천

남양주

이천

연천

양주

하남

광주

용인

안성

의정부

서울

구리

성남

과천

평택 (신장지구)
평택 (안정지구)

동두천

파주

고양

부천

수원

안양

군포

의왕

안산

화성

안성

평택

오산

김포

인천

시흥

광명

고양 (능곡지구)
고양 (원당지구)
고양 (일산지구)

김포 (양곡지구)
김포 (김포지구)
부천 (원미지구)
부천 (고강지구)
부천 (소사지구)
광명 (광명지구)
시흥 (은행 지구)

오산 (오산지구)

1차 뉴타운 지역 (10)
1차 10곳 外 지역(11)

지역구	구역명	세대수	진행단계	조분가 59타입	프리미엄 59타입	총매가 59타입	조분가 84타입	프리미엄 84타입
남양주	덕소2구역	999세대	사업시행인가	2.92억	2억	4.92억	3.77억	2.5억
	덕소4구역	492세대	이주완료	3.25억	2억	5.25억	4.25억	2.7억
	덕소5A구역	990세대	사업시행인가 (조합원분양신청)	3.38억	2억	5.38억	4.5억	2.6억
	덕소5B구역	529세대	사업시행인가 (조합원분양신청)	3.5억	2억	5.5억	4.6억	2.7억
	덕소6A구역	211세대	관리처분인가	3억	2억	5억	4억	2.5억
	덕소7구역	295세대	관리처분인가	3억	2억	5억	3.9억	2.6억
	도곡1구역	423세대	이주완료	2.55억	1.7억	4.25억	3.53억	2억
	도곡2구역	908세대	관리처분인가 이주 중	2.52억	1.7억	4.22억	3.53억	2억
	지금,도농2구역	194세대	관리처분	2.75억	3.5억	6.25억	3.5억	4.4억
구리뉴타운	수택E구역	3050세대	이주	3.84억	3.5억	7.34억	5.66억	5억
	인창c구역	1180세대	이주	3.73억	4.1억	7.83억	4.7억	6억
고양시 (토지거래 허가구역) 실거주만가능	원당1구역	2601세대	관리처분인가	3.1억	2.4억	5.5억	4.15억	3억
	원당2구역	1326세대	사업시행인가접수	3.3억	2.3억	5.6억	-7.7	2.3억
	원당4구역	1331세대	사업시행인가 변경고시	3.15억	3억	6.15억	4.2억	3억
	능곡5구역	2560세대	사업시행인가접수	3.2억	3억	6.2억	4.1억	3억
김포뉴타운	북변3구역	1193세대	이주	2.93억	2억	4.93억	3.81억	2.3억
	북변4구역	2843세대	이주	3.10억	2.4억	5.5억	3.93억	2.6억
	북변5구역	3737세대	관리처분인가 접수	3.11억	2억	5.11억	3.97억	2억
광명뉴타운	광명1구역	3583 세대	이주 중	3.71억	4.5억	8.21억	4.86억	6.3억
	광명2구역	3344 세대	착공준비	3.70억	4.5억	8.2억	4.63억	6.5억
	광명4구역	1957 세대	이주 중	4.16억	5.5억	9.66억	5.76억	7억
	광명5구역	3091 세대	이주 중	3.71억	5.7억	9.41억	4.77억	6.8억
	광명9구역	1498 세대	관리처분인가 신청	4.48억	3.8억	8.23	5.58억	4.3억

총매가 84타입	주변대장아파트명 59타입시세	주변대장아파트명 84타입시세	안전마진 GAP 59	안전마진 Gap 84
6.27억	주변대장없음 가상 6억	덕소아파파크 7.5억	1억	1.23억
6.95억	주변대장없음 가상 6억	덕소아파파크 7.5억	0.75억	0.55억
7.1억	주변대장없음 가상 6억	덕소아파파크 7.5억	0.62억	0.4억
7.3억	덕소쌍용아파트 5억	덕소아파파크 7.5억	0.5억	0.2억
6.5억	덕소쌍용아파트 5억	덕소아파파크 7.5억	1억	1억
6.5억	덕소쌍용아파트 5억	덕소아파파크 7.5억	1억	1억
5.53억	덕소쌍용아파트 5억	덕소쌍용아파트 6억	0.75억	0.47억
5.53억	덕소쌍용아파트 5억	덕소쌍용아파트 6억	0.78억	0.47억
7.9억	힐스테이트황금산 7.5억	힐스테이트황금산 8.5억	1.25억	0.6억
10.6억	E편한세상수택센트럴파크 8억	E편한세상수택센트럴파크 10억	0.6억	-0.6억
10.7억	E편한세상인창어반포레 9.5억	E편한세상인창어반포레 11억	1.67억	0.3억
7.15억	원당e-편한세상 6.3억	원당e-편한세상 7.7억	0.8억	0.55억
6.5억	래미안휴레스트 6.3억	래미안휴레스트 7.7억	0.7억	1.2억
7.2억	래미안휴레스트 6.3억	래미안휴레스트 7.7억	0.15억	0.5억
7.1억	행신sk뷰 6.5억	행신sk뷰 8억	0.9억	0.3억
6.11억	김포메트로자이 7억	김포메트로자이 9억	2.07억	2.89억
6.53억	김포메트로자이 7억	김포메트로자이 9억	1.5억	2.47억
5.97억	김포메트로자이 7억	김포메트로자이 9억	1.89억	3.03억
11.16억	광명아크포레자이위브 9억	광명아크포레자이위브12억	0.97억	0.84억
11.13억	광명아크포레자이위브 9억	광명아크포레자이위브 12억	0.87억	0.8억
12.76억	광명아크포레자이위브 9억	광명아크포레자이위브 12억	-0.66억	-0.76억
11.57억	광명아크포레자이위브 9억	광명아크포레자이위브 12억	-0.41억	0.43억
12.58	광명아크포레자이위브 9억	광명아크포레자이위브 12억	0.72억	-0.58억

지역구	구역명	세대수	진행단계	조분가 59타입	프리미엄 59타입	총매가 59타입	조분가 84타입	프리미엄 84타입
광명뉴타운	광명10구역	1051 세대	철거 중	3.66억	5.8억	9.46억	4.54억	7억
	광명11구역	4520 세대	관리처분인가 신청	4.25억	4.7억	8.95억	5.52억	5.8억
	광명12구역	2097 세대	관리처분인가 신청	4.36억	5억	9.36억	5.90억	5.8억
	광명14구역	1187 세대	착공	3.20억	5억	8.2억	4.13억	7억
	광명15구역	1335 세대	착공	3.38억	4.9억	8.28억	4.21억	7.5억

총매가 84타입	주변대장아파트명 59타입시세	주변대장아파트명 84타입시세	안전마진 GAP 59	안전마진 Gap 84
11.54억	광명아크포레자이위브 9억	광명아크포레자이위브 12억	−0.46억	0.46억
11.32억	광명아크포레자이위브 9억	광명아크포레자이위브 12억	0.1억	0.68억
11.7억	광명아크포레자이위브 9억	광명아크포레자이위브 12억	−0.36억	0.3억
11.13억	광명아크포레자이위브 9억	광명아크포레자이위브 12억	0.8억	0.7억
11.71억	광명아크포레자이위브 9억	광명아크포레자이위브 12억	0.72억	0.29억